Familie Freimann

Man möchte doch jetzt noch nicht sterben!

Hinweis!

Alle Namen in diesem Buch wurden sowohl aus daten-schutzrechtlichen, als auch aus Pietätsgründen geändert, da sie keinerlei Relevanz besitzen und den Inhalt dieses Buches nicht maßgeblich beeinflussen! Dieses Buch ist somit nicht zur Ahnenforschung geeignet, berechtigte Anfragen beantwortet der Herausgeber aber sehr gerne!

Namensähnlichkeiten oder -übereinstimmungen sind daher rein zufällig. Dieses Buch soll der zeitgeschichtlichen Aufklärung dienen, nicht aber das Ansehen noch lebender oder bereits verstorbener Personen schädigen! Die folgenden Texte wurden aber soweit wie möglich im Original belassen, ebenso die Feldpostnummern und Adressen, um die Authentizität im Ganzen zu wahren!

Erstausgabe, alle Rechte vorbehalten!
Gestaltung und Transkription: Stefan Heikens
www.einsneunzig.de
Herstellung und Verlag: BoD - Books on Demand, Norderstedt
© 2022
ISBN: 9783755701132

Inhaltsangabe

Vorwort

„Es ist ein Irrtum zu glauben, nicht zerstörte oder nur kurzfristig gelähmte Verkehrs-, Nachrichten-, Industrie- und Versorgungsanlagen bei der Rückgewinnung verlorener Gebiete für eigene Zwecke wieder in Betrieb nehmen zu können. Der Feind wird bei seinem Rückzug uns nur eine verbrannte Erde zurücklassen und jede Rücksichtnahme auf die Bevölkerung fallen lassen. Ich befehle daher:
1. Alle militärischen Verkehrs-, Nachrichten-, Industrie- und Versorgungsanlagen sowie Sachwerte innerhalb des Reichsgebietes, die sich der Feind zur Fortsetzung seines Kampfes irgendwie sofort oder in absehbarer Zeit nutzbar machen kann, sind zu zerstören"!

- Führerbefehl vom 19. März 1945

Dieser sogenannte „Nerobefehl", erlassen im März 1945, war einer der letzten Befehle Adolf Hitlers und hatte nur einen einzigen Zweck; die absolute und schnellstmögliche Vernichtung der deutschen Infrastruktur. Auf Befehl des Führers hin wurden noch in den letzten Tagen des Krieges wahllos Fabriken und Brücken gesprengt, Häuser und Felder angezündet, Straßen vermint und Fahrzeuge lahmgelegt. All das, um dem Feind den Vormarsch auf die Hauptstadt so schwer wie nur irgendwie möglich zu machen. Denn jeder Tag Verzögerung für die Alliierten bedeutete gleichzeitig einen Tag Leben mehr für Hitler. Nichts Nützliches sollte den Alliierten deshalb in die Hände fallen und „Nichts" war es dann auch, was dem deutschen Volk nach der bedingungslosen Kapitulation Deutschlands am 8. Mai 1945 blieb. So traf es in der Nachkriegszeit auch die Eheleute Freimann sehr hart, deren einziger Sohn im März 1945 in Gefangenschaft geraten war und der sich erst ein halbes Jahr später wieder bei ihnen melden konnte. Deutschland war in der Zwischenzeit in vier jeweils abgeschottete Besatzungszonen unterteilt worden, England, Frankreich und die USA im Westen, die Sowjetunion im Osten, so dass außer einem sehr unzuverlässigen Briefverkehr kaum noch eine vernünftige Form der Kommunikation möglich war. Auch wenn die Eltern in Hennigsdorf also wussten, dass ihr Sohn in Braunschweig lebte, so waren sie doch unter der Herrschaft der Russen gefangen, während ihr Sohn im britischen Sektor festsaß.

Reisen zwischen den Zonen waren so gut wie unmöglich, selbst wenn man einen Pass zum Passieren der Grenze bekam; denn nicht nur, dass Züge regelmäßig auf offener Strecke überfallen wurden oder die Fahrgäste gleich an den Bahnhöfen von den Besatzern um ihren ganzen tragbaren Besitz „besteuert" wurden, auch das eigene Haus konnte man kaum verlassen, ohne befürchten zu müssen, nicht wiederkehren zu können. Denn auch in Wohnhäusern, Kellern und Gartenlauben waren Plünderungen üblich, alliierte Soldaten, aber auch ehemalige Zwangsarbeiter oder bettelarme Deutsche, zogen durch die Straßen und bedienten sich frei bei den Menschen, die verängstigt und noch völlig traumatisiert in ihren größtenteils zerstörten Häusern saßen. Man verschanzte sich also so gut es eben ging und versuchte einfach zu überleben, bis alles besser werden würde.

In den Jahren 1945/46 verhungerte jedes zehnte Kind noch vor seinem ersten Geburtstag und Todesfälle aufgrund von Krankheiten und Unterernährung waren an der Tagesordnung. Die zugeteilten Rationen waren gering und wurden nur unregelmäßig ausgegeben, erwachsene, arbeitende Männer sollten von knapp 200 g Brot täglich leben und so fuhren ihre Frauen in die Dörfer der Umgebung und tauschten dort ein, was man eben in den Trümmern der Stadt fand. Kleidung, Werkzeug, Spielsachen, Geschirr und Besteck, das alles wurde eingetauscht für ein Stück alte Butter oder ranziges Fleisch.

Die Briefe der Familie Freimann sind meiner Meinung nach gerade deshalb ein beeindruckendes Zeugnis davon, wie sehr die Menschen auch noch nach dem Kriegsende unter dem Wahn Adolf Hitlers zu leiden hatten. Viele von ihnen starben in den Ruinen der Städte auf der Suche nach Lebensmitteln, erschlagen von Trümmerteilen oder zerfetzt bvon Blindgängern, der Schwarzmarkt florierte, Flüchtlinge verhungerten auf den Straßen. Und wer nichts „nebenbei" hatte, der hatte sowieso kaum Überlebenschancen.

In dieser Zeit bekam Familie Freimann also den ersten Brief ihres Sohnes und es ist extrem vielsagend, dass trotz des Vermissens und der Sorge gerade Lebensmittel immer wieder eine extrem große und wichtige Rolle in ihren Briefen spielt.

Stefan Heikens

Um auf den folgenden Seiten die jeweiligen Absender besser kenntlich zu machen wurden die Briefe des Vaters in normaler Schrift wiedergegeben, während die Briefe der Mutter in *Kursivschrift* gesetzt sind.

Mein lieber Junge!

Das war heute ein Freudentag, wir sprachen schon täglich davon, dass wir so gern von Dir persönlich ein Lebenszeichen erhalten möchten und nun war es da. Jetzt überlege ich schon den ganzen Tag, wie Du Deine Sachen hinbekommen kannst. Wie Vati schon schrieb, haben wir viel verloren, hier ist ein grüner Anzug und in Dessau Dein brauner mit langer Hose. Dann ist hier Deine schwarze Arbeitshose, blaue Skihose und die Feldbluse, die Du zuletzt hier gelassen hast. Extrarock und Reithose ist auch fort. Außerdem der graue Übergangsmantel von Onkel, den trägt Vati, er gibt ihn Dir aber. Dann dachten wir, dass Du Dir aus der großen Decke einen Mantel anfertigen lassen kannst. Wie nun aber alles hinbringen zu Dir, denn hier ist nicht viel los, vor allen Dingen mit der Verpflegung. Es sind noch viele Männer fort, Herr Röller seit Mitte Mai oder Juni, der junge Misch ist auch nicht mehr da, Kunisch und seine Frau haben sich vor vierzehn Tagen das Leben genommen[1]. Jochen Eigen ist in Hamburg, Stick (Werner) in Siegburg. Rudi Otto auch in Schleswig, Harald Winkler ist zu Haus

---

[1] In Deutschland gab es während dieser Epoche mehrere Selbstmordwellen, allerdings ohne verlässliche Zahlen von Todesopfern. Die erste gab es während des Vormarschs der Roten Armee in den letzten Tagen des Krieges, da die Deutschen nun selbst mit Vergewaltigungen und Folter rechnen mussten und dem entkommen wollten; die zweite direkt nach dem Ende des Krieges, als das vertraute System in sich zusammengebrochen war und die dritte direkt vor dem ersten Nachkriegswinter, wie in diesem Fall, als man nichts mehr hatte und mit einem harten Winter rechnen musste.

seit vier Wochen, war beim Ami. So haben sich viele schon gemeldet, aber von Günther ist noch keine Nachricht, vielleicht kommt es noch.

Sag mal, ich habe gehört, dass ihr vom Engländer Urlaub bekommt ins englische Gebiet, das wäre in Berlin-Charlottenburg, denn mit dem Schwarzfahren ist es doch wohl solche Sache, es hat da beim Grenzübertritt schon verschiedene Tote gegeben. Du könntest dort zu Tante Emmi oder Michaelis und wir können dann rein nach Berlin. Vielleicht kannst Du uns noch schreiben wie Du denkst.

Augenblicklich haben wir wieder Einquartierung[2], einen russischen Oberleutnant, spricht aber gar nicht deutsch, wie lange er bleibt, wissen wir nicht. Gibt es dort irgendetwas frei zu kaufen zum Essen? Hier fehlt uns außer Salz, was wir etwas Vorrat haben, <u>alles</u>. Wir sind froh, wenn wir Kartoffeln haben, die schmecken mit Salz. Bloß das Essen hält ohne Fett nicht vor, man kann ungeheure Quantitäten essen. Wäre es Dir denn nach Dessau leichter zu fahren? Hoffentlich gelangt dieser Brief recht bald in Deine Hände. Ich will Montag nach Dessau zu den Geburtstagen.

In der Hoffnung, bald ausführlich von Dir zu hören, grüßt und küsst Dich innig Deine

Mutti

---

[2] Um die alliierten Truppen unterbringen zu können wurden höhere Ränge oft bei Privatleuten „einquartiert". Diese funktionierten dann ähnlich wie Hotelangestellte und kochten, wuschen, etc., für den „Gast"!

N.S.: Strümpfe und Wäsche ist auch viel fort. Die Kiste im Keller[3], die wir eingegraben hatten, war leer, als wir wiederkamen.

Hennigsdorf, 27.10.45

Mein lieber Junge!

Heute Morgen um halb 9 Uhr erhielt ich im Geschäft Deinen lieben Brief vom 22. des Monats, ich war gerade bei der Direktion, da kam ein Mädel herein und brachte Deinen Brief, Du glaubst ja nicht wie ich mich gefreut habe, von Dir ein persönliches Zeichen zu haben, wenn wir auch damals am 9. September durch den Herrn Nachricht[4] erhielten, so ist doch ein geschriebenes Zeichen ganz etwas anderes. Wir vermuteten Dich aber immer noch bei Tante H. und sind daher erstaunt, wieso Du aus Braunschweig schreibst. Also als ich nun Deinen Brief gelesen hatte, zog ich den Überzieher an und Hut auf und weiter nichts, ab zu Mutti, die gerade beim Friseur sich hübschen ließ, ich traf sie

---

[3] Als das Vorrücken der Alliierten immer schneller vonstattenging, begannen viele Deutsche damit, Wert- und Erinnerungsgegenstände an Stellen zu verstecken, die sie nach dem Krieg wiederfinden würden. So sind auch heute noch an vielen Stellen Relikte dieser Zeit vergraben, eingemauert oder hinter Balken gezwängt, wenn die Bewohner ihre Häuser/Wohnungen nicht mehr zurückbekamen oder in den letzten Kriegstagen ums Leben kamen.

[4] Ein Hinweis darauf, dass Eberhards Eltern nicht schriftlich vom Überleben ihres Sohnes erfuhren, sondern von einer Privatperson, vermutlich einem Heimkehrer aus der Kriegsgefangenschaft, da diese oft Nachrichten von ihren Kameraden in die Heimat mitbrachten. So konnte man aus den Lagern/Zonen heraus die Familie zu Hause „schnell" und unbürokratisch über das eigene Überleben und die aktuellen Lebensumstände informieren.

---

dann aber auf der Rathenaustraße mit Frau Steier. Auch bei Mutti war die Freude groß. Leider steht in dem Brief hier so wenig drin, hoffentlich erhalten wir nun einmal einen recht ausführlichen, Du kannst Dir ja denken, dass wir sehr neugierig sind, wenn Du hier wärst, würden wir Dich ganz ausfragen.

Hast Du nun beide Karten von uns bekommen, wir hatten zwei an Tante H. geschickt, allerdings Dir nur soweit mitgeteilt, was man auf einer offenen Karte, die noch dazu erst durch mehrere Hände[5] ging, mitteilen kann.

Verloren haben wir sehr viel, ich habe hier aus der Wohnung fünf Anzüge und drei Paar Schuhe, einen Mantel, einen Hut und Oberhemden sowie Leibwäsche, in der Laube einen Anzug und einen Sommermantel und ebenfalls Leibwäsche eingebüßt[6], Dein schwarzer Anzug und beide Überzieher, Sommer wie Winter sind fort, fast sämtliche Bettwäsche, fünf Federbetten, vier Kopfkissen, Sofakissen, drei Teppiche, Spiegel, Bilder, Wanduhr, usw., man kann nicht alles schreiben. In Dessau haben wir auch noch den guten Lederkoffer, den ich noch Anfang April mit dem Auto mitgenommen hatte, als ich nach Magdeburg war. Da war nur noch ein guter Winteranzug drin, aber Gott

---

[5] Gemeint ist die alliierte Zensur.

[6] Hennigsdorf war Teil der sowjetischen Besatzungszone, wodurch es massiven Plünderungen ausgesetzt war. Dabei nahmen sich Rotarmisten wahllos alles, was man in der Heimat brauchen konnte, und schickten es dorthin. Dies verschlimmerte die Lage der Deutschen noch mehr, was zu der vorher bereits erwähnten Suizidwelle beitrug.

sei Dank ist Dein heller Anzug geblieben, aber Deine guten Schuhe sind fort.

Wir mussten fünf Wochen lang unsere Wohnung verlassen und zwar innerhalb von zwei Stunden, alles räumen, es durften nur Betten, Kleidung und Lebensmittel mitgenommen werden, dadurch habe ich so viel Kleidung verloren, aber die Hauptsache, wir haben Dich nicht verloren und Du bist gesund.

Die Lebensmittelzuteilung hier in Hennigsdorf ist sehr schlecht. Hennigsdorf heißt jetzt „Hungersdorf", wir bekommen bisher pro Tag und Kopf 200 g Brot, da ich arbeite 200 g für mich Zuschlag, in der Woche drei bis fünf Pfund Kartoffeln, meist nur drei und solange wir Besatzung haben, also fünf Monate, haben wir im Ganzen dreimal ein Viertelpfund Fleisch, zweimal 35 g und einmal 30 g und ich zweimal 40 g Zuschlag. Butter einmal 125 g, einmal 100 g Öl, einmal 75 g Zucker (weiß) und in der vergangenen Woche eineinhalb Pfund für uns beide. Wenn wir nicht unseren Garten hätten und noch Gemüse dazu hätten, wären wir schon eingegangen, Mutti ist manchmal ganz verzweifelt. Jetzt holte die AEG auch etwas heran, gestern haben wir von der AEG 280 g Fleisch bekommen, Kartoffeln hat es schon dreimal gegeben. Bei Euch ist ja wohl die Verpflegung gut. In Berlin geht es auch, aber die Randbezirke sind sehr schlecht dran. Tante Lisa geht es auch nicht viel besser. Ab 1. November soll es ja etwas besser werden, aber die Hausfrauen bekommen ja dann auch kein Fett und kein Fleisch.

—

Ich habe in der Zeit seit April die mannigfaltigsten Beschäftigungen durchgemacht. Zuerst habe ich in der Siedlung Schaufenster repariert, dann habe ich in der AEG in einer Betriebsabteilung die Aufsicht bei den Aufräumungsarbeiten gehabt, dann hatte das Arbeitsamt Sehnsucht nach mir, haben geglaubt ein Zug kann auch Steine pflastern, haben wir auch gemacht, aber nicht allzu lange. Dann durfte ich in der Gemeinde Schützengräben zumachen und dann habe ich Generatorholz gehauen; da ich merkte, jetzt könnte es in der AEG wieder losgehen, habe ich mich als Werkzeugmacher einstellen lassen. Seit dem 16. Oktober bin ich nun wieder im Büro und habe die gleiche Tätigkeit wie seinerzeit, ehe ich nach Rumänien[7] ging, ich mache die Planungen für unser Werk, habe seit einigen Tagen auch schon noch einen Herrn hinzu bekommen, man muss nur mal abwarten, wie es weitergeht. Die Großschweißerei und Kesselschmiede wird von den Russen abgerissen und verladen[8]. Die Montagehalle haben sie auch angefangen abzureißen, diese Arbeiten sind aber vorläufig wieder eingestellt.

---

[7] Rumänien war am 22. Juni 1941 in den Krieg eingetreten und hatte zusammen mit Deutschland die Sowjetunion angegriffen. Dabei nahm auf Seiten der Deutschen die in Rumänien stationierte 11. Armee teil, wodurch wir nun wissen, dass Eberhards Vater dort Soldat war.

[8] Durch das Potsdamer Abkommen vom 2. August 1945 waren die Besatzer dazu ermächtigt, sowohl Geld-, als auch Sachwerte von Deutschland zu fordern, um ihre eigenen Verluste während des Krieges wettzumachen. Dabei wurden gerade von den Sowjets, die ja die meisten Verluste gehabt hatten, deutsche Produktionsmaschinen demontiert und nach Moskau geschickt, was den deutschen Firmen oft jegliche Grundlage nahm und sie somit in den Ruin trieb.

Im Garten haben wir in diesem Jahre an Obst so gut wie keine Ernte, die Bäume haben fast alle in der Blütezeit Frost bekommen, die Äpfel und Birnen die wir geerntet haben, konnten wir zählen. Da konnten uns wenigstens keine gestohlen werden. Nun will ich für heute schließen, nächstens mehr, es ist auch Zeit nun in die Heia zu gehen.

Es grüßt und küsst Dich vielmals herzlichst, Dein

Vati

Hennigsdorf, 5.11.45

Mein lieber Junge!

Heute haben wir Gelegenheit einen Brief nach Braunschweig mitzugeben, Fräulein Steinberg bei uns aus der Straße, welche früher bei mir im Büro war, fährt nach Wolfenbüttel[9] zum Besuch ihrer Schwester, bzw. will es versuchen hinzukommen. Post können wir Dir leider noch nicht wieder bestätigen, wir haben bisher nur Deinen Brief den wir über unser Hauptgeschäft erhielten. Mit der normalen Post ist noch kein Brief gekommen. Hast Du

---

[9] Wolfenbüttel gehörte, ebenso wie Braunschweig, zur britischen Besatzungszone und konnte deshalb von Eberhard problemlos erreicht werden. Nur eine Reise über die Zonengrenzen selbst war für ihn unmöglich, weswegen auch seine Eltern nicht direkt zu ihm fahren konnten, dafür hätte es schon eine Sondergenehmigung durch die Besatzer gebraucht. Durch Fräulein Steinberg würde Eberhard nun aber vielleicht die Möglichkeit haben, einen längeren, privaten Brief zu schicken, ohne dass dieser vor dem Empfang durch die Zensur gehen würde.

---

unseren langen Brief erhalten? Nun höre einmal zu, was wir hier ausgeknobelt haben. Fräulein Steinberg fährt nach Wolfenbüttel zu ihrer Schwester: Frau Ilse Rieske, Wolfenbüttel, Kornmarkt 1, bei Hermann Hermann!

H. Hermann ist im Porzellangeschäft, Fräulein Steinberg haben wir Deine Adresse mitgegeben. Vielleicht schreibst Du sofort nach Erhalt des Briefes an Fräulein Steinberg und teilst Ihnen mit, wann Du nach Wolfenbüttel kommen kannst. Kannst es noch anders machen, Herr Rieske arbeitet bei der AEG in Braunschweig, könntest Dich ja auch dort einmal nach ihm erkundigen. Fräulein Steinberg kommt auch gern mit ihrer Schwester nach Braunschweig. Na, wirst schon sehen, wie Du es machst, wir freuen uns schon dann einmal einen ausführlichen Brief von Dir zu erhalten. Wenn Fräulein Steinberg zurückkommt und wir wissen, wie man fahren kann, kommen Mutti oder ich nach dort, oder auch alle beide.

Mutti ist heute nach Dessau zu den beiden Geburtstagen gefahren, will auch einmal sehen, ob sie etwas mitbekommt. Denn die Verpflegung war ja hier bisher unter aller Kanone, es soll ja nun wohl besser werden. Wir haben unsere Karten[10] noch nicht, ich hoffe, dass ich unter die Schwerarbeiter komme, na morgen werden wir es wissen.

---

[10] Mit Lebensmittelkarten sollte die gerechte Versorgung der Bevölkerung sichergestellt werden; so gab es bestimmte Güter nur noch rationiert und eben „auf Karte". Oft waren diese Güter aber gar nicht mehr vorhanden, was dann auch die zeitlich begrenzten Karten nutzlos werden ließ und den Schwarzmarkt immer mehr förderte.

Wenn Du Dich mit Fräulein Steinberg triffst, dann frage sie man ordentlich aus, ich weiß nicht ob Du die beiden noch kennst, der Vater ist Feuerwehrmann. Unser Oberleutnant wohnt immer noch hier, der sagt kein Wort, kaum dass er mit dem Kopf nickt. Ich schätze, dass der Abriss noch acht Wochen dauern wird.

Was stellst Du denn so in Braunschweig an und warum bist Du mit der Arbeit ausgerechnet nach Braunschweig gekommen, wir sagen fast jeden Abend, na Eberhard, was machst Du? Schläfst Du schon, was hast Du gegessen? Aber niemand antwortet. Ich habe gestern im Garten schwer gearbeitet, habe in der vergangenen Woche noch 21 Bäume gepflanzt. Lieber Eberhard, was Du an Lebensmitteln kaufen kannst kauf es, es wird sich schon einmal die Gelegenheit bieten, dass einer von uns nach dort kommt, oder Du kommst. Sag mal, kannst Du Dir keinen Urlaub nach dem englischen Sektor[11] geben lassen, das wäre Charlottenburg.

Kannst Du Dich in Braunschweig bei der SPD einmal erkundigen, ob Kartall, früher Geschäftsführer vom Volksfreund[12], wieder da ist, die würden sich gewiss freuen, wenn sie Dich sehen.

---

[11] Während Deutschland selbst klar unter den Alliierten aufgeteilt worden war, hatte man das komplett von der sowjetischen Zone umgebene Berlin auch noch mal in vier Zonen unterteilt. So war es also theoretisch möglich, sich in Berlin zu treffen, wo alle vier Zonen dicht beieinander lagen. Dabei wurden die Menschen mit verplombten Zügen von einer Zone in die andere gefahren, um die Flucht in eine andere Zone unmöglich zu machen.

[12] Gemeint ist der „Trierischer Volksfreund", eine Tageszeitung aus Trier, die am 30. April 1938 von den Nazis verboten worden war.

Zum Totensonntag geh doch bitte einmal zum Friedhof (Ich glaube, das Grab der Großeltern ist Revier 45, Grab 453, oder Revier 34, gestorben ist Omi 17. Dezember 1931) und schmücke das Grab, sofern es nicht durch Beschuss noch gelitten hat, kurz vorher sind ja ziemlich viele Gräber verwüstet. Hoffentlich bekommen wir von Dir nun einen recht schönen langen Brief, ich möchte noch so viel wissen. Am Freitag ist Frau Mergel hier wieder eingetroffen, der Sohn ist noch bei der Marine, die müssen wohl noch Dienst machen, hat aber kürzlich von Bremerhaven nach Bielefeld Urlaub gehabt.

Nun will ich schließen, muss den Brief noch zu Steinberg bringen. Hoffentlich erreicht er Dich gesund und munter. Schreib nur recht oft, damit Mutti wieder auflebt, sie wiegt nur noch 95 Pfund. Ich habe schon wieder zugenommen, da ich weiß, dass Du lebst, wog auch nur noch 110 Pfund. Nun, mein lieber Junge, wünsche ich Dir alles Gute, bleibe gesund und sei nochmals herzlich gegrüßt und geküsst, auch von Mutti, von Deinem

Vati

Hennigsdorf, 6.11.45

Mein lieber Junge!

Soeben brachte Onkel Hans aus Berlin mir Deinen Brief vom 16.10. mit, hatte gerade hier zu tun, das ist nun der zweite Brief den wir erhalten haben. Ich habe gerade gestern einen Brief geschrieben, den will Fräulein Steinberg, welche nach Wolfenbüttel zu ihrer Schwester fährt, mitnehmen. Bin nun gespannt, welcher Brief Dich eher erreicht. Fräulein Steinberg kennst Du doch, wohnen in den gelben Häusern unter Schmidt (Ilse Schmidt), die Schwester ist in Wolfenbüttel verheiratet, heißt jetzt Rieske; wohnt Kornmarkt 1 bei Hermann Hermann, Porzellangeschäft. Falls Du also nichts hörst, kannst Du Dich dort einmal erkundigen, übrigens der Mann ist in Braunschweig bei der AEG beschäftigt.

Lieber Eberhard, wir haben schon dauernd überlegt, wie wir Dir Sachen nach dort schaffen können. Einen Anzug, den grünen, haben wir noch hier, der braune ist in Dessau, der andere futsch. Aber Du bist ja da, das andere findet sich alles wieder. Mutti ist am Montag nach Dessau gefahren, kommt Donnerstag wieder, hoffentlich fahren die Züge wieder. Onkel H. meinte es fahren keine.

Was nun die Verpflegung anbetrifft, sieht es hier sehr schlecht aus, bisher haben wir nur regelmäßig 200 g Brot pro Tag, die arbeitende Bevölkerung 400 g und 3-5 Pfund Kartoffeln bekommen. Öl und Butter haben wir seit dem 20.4. ca. ein Pfund bekommen, Fleisch dreimal ein Viertelpfund und am letzten Sonnabend 100 g, mehr darüber habe ich Dir ja im vorigen Brief geschrieben. Was Du an Lebensmitteln kaufen kannst kauf nur, ebenso Wäsche und Strümpfe. Wir besitzen nicht mehr, weil ich bin allein sieben Anzüge losgeworden. Wenn Fräulein Steinberg zurückkommt oder Du teilst uns eine Adresse mit, wie wir nach dort gelangen können, dann kommen wir natürlich, man hört nur, dass die Leute oft ausgeplündert[13] werden. Na, wenn man Dir dann etwas bringt, möchte man doch nicht noch etwas loswerden. Meine alte Uhr bin ich auch losgeworden, man kann es ja auch kaum wagen, eine Uhr zum Uhrmacher zu geben. Unseren Fotoapparat haben wir abliefern müssen. Hast Du denn dort keine Gelegenheit einen Vogtländer zu kaufen?

Wie es hier in Berlin mit den Bauschulen ist, müssen wir uns erst einmal erkundigen. In der Zeitung habe ich noch nichts gelesen, ich würde Dir auf jeden Fall, so gern wie ich Dich hier hätte, empfehlen, den Winter über dort zu bleiben. Die Sparkassenkonten sind ja auch gesperrt, wir haben aber noch etwas Geld da und es kommt ja wieder neues hinzu. Die Gehälter sind ja auch gekürzt, aber es geht immer noch.

Neues wüsste ich für heute nicht, könnte wohl noch sehr viel schreiben, will den Brief aber gleich zur Post bringen, sonst geht er nicht mehr morgen fort. Lebewohl, es grüßt und küsst Dich vielmals herzlichst Dein

Vati

---

[13] An den Zonengrenzen wurden von den kontrollierenden Soldaten oft und willkürlich „Zölle" erhoben, die dann natürlich in den eigenen Taschen verschwanden und später in die Heimat geschickt wurden. Dies konnte von den Deutschen natürlich nicht verhindert werden, die froh waren, überhaupt reisen zu dürfen.

Nr. 1[14]

Mein lieber, lieber Junge!

Als ich gestern aus Dessau nach Hause kam, erhielt ich zur allergrößten Freude Deine lieben Briefe vom 16. und 27. Oktober von Vati, welcher sie Dir ja schon beantwortet hat. Ach Junge, am liebsten hätte ich Dich hier, wenn nicht die Zeit so schwer wäre, man weiß nicht, was man raten soll. Ich denke ja, und Vati ist derselben Meinung, es ist besser, Du bleibst noch den Winter über dort. Mit dem Essen ist es hier, wie wir Dir ja schon geschrieben haben, schlecht. Vielleicht wird es jetzt besser, denn Vati hat eine Schwerarbeiterkarte und bekommt pro Tag 40 g Fleisch und 20 g Fett, dafür bekommen die Frauen aber nichts. Dann soll es Nährmittel und Zucker geben, aber mal sehen, ob es nicht etwa nur auf dem Papier steht. Mit Kohlen ist es bei uns ganz aussichtslos, da werden wir wohl ganz in der Küche bleiben. Ich habe heute den Herd tüchtig geheizt, den Tisch in die Mitte gestellt und die Stehlampe herausgeholt und so ist es auch gemütlicher. Wir haben soeben Abendbrot gegessen und nun will ich mich mit meinem Jungen unterhalten, Vati macht im Keller Holz klein. Ich bin, wie ich Dir schon im ersten Brief schrieb, am Sonn-

---

[14] Es war während des Krieges gang und gäbe Briefe durchzunummerieren, damit der Empfänger sehen konnte, ob auch alles lückenlos bei ihm ankam. Dieses Prinzip wird hier fortgeführt, da auch in der Nachkriegszeit noch viel Post verschwand, sowohl durch die Zensur, als auch durch die Nachlässigkeit der Alliierten, die den Briefen kaum Bedeutung beimaßen.

tag nach Dessau gefahren und am Donnerstag zu-
rück. Tante Käthe war schon Sonnabend hingefah-
ren und fuhr Mittwoch zurück. Es war sehr schön
und gemütlich in Dessau, Tante Frieda hatte feinen
Kuchen gebacken. Fett und Fleisch ist ja dort auch
sehr knapp, aber wir sind satt geworden. Ich habe
mir noch mal Zwiebeln mitgenommen, die hatte mir
Tante Frieda besorgt, bei uns gibt es ja doch keine,
eine Flasche Essig, ein Glas Mostrich, Nährhefe,
ein Brot und so noch etwas für Suppe und derglei-
chen. Ich bin heute noch ganz marode, denn es ist
alles schwer und man ist das nicht gewohnt und
man ist auch zu mager, da drückt es so auf der
Schulter, ich hatte Deinen kleinen Rucksack, einen
Koffer und eine Tasche.

Das Schlimme ist, dass unsere Brücken ge-
sprengt sind, so dass wir von Heiligensee laufen
müssen und es ist nach beiden Seiten doch eine
gute Dreiviertelstunde und ein Rad zu benutzen ist
riskant, man kann es so leicht unterwegs loswer-
den[15]. Meine Hinfahrt war gut, war in ungefähr
vier Stunden von Wannsee bis Dessau, aber zurück
war es schrecklich. Um 8 Uhr sollte der Zug fah-
ren, der fiel aber aus, da mussten wir 8.35 Uhr
nach Güterglück fahren, um von dort nach Wann-
see zu kommen. In Güterglück mussten wir fast fünf
Stunden warten und dazu regnete es, zum Unter-
stellen war nicht viel und Menschen über Men-
schen mit unheimlichem Gepäck, die Züge ohne

---

[15] Auch hier geht es wieder um „Zölle" und „Reparationszahlungen", aber auch um ganz gewöhnlichen Raub durch Deutsche selbst, die das Fahrrad später auf dem Schwarzmarkt gegen etwas anderes eintauschen würden.

Fensterscheiben und überfüllt. Unterwegs blieb er mehrmals eine halbe bis eine ganze Stunde stehen, so dass wir endlich abends um 10 Uhr in Wannsee waren. Dann haben wir die Nacht auf Stühlen sitzend verbracht und konnten morgens mit der Stadtbahn nach Hause fahren, d.h. bis Friedrichstraße, von dort mit der U-Bahn bis Stettiner Bahnhof und von dort stündlich nach Heiligensee.

Was ist aus unserem schönen Berlin geworden, man kennt es nicht wieder, so verschmutzt, zerschlagen und verkommen, man ist froh, wenn man wieder zu Hause angelangt ist. Ich schrieb Dir schon im ersten Brief, ob es wohl geht, wenn Du Dir Urlaub in dem englischen Sektor nimmst, das soll ja gehen, wurde mir gesagt, das wäre Charlottenburg, dass man sich sehen und alles besprechen könnte. Denn mit dem Schwarzfahren ist es auch solche gefährliche Sache, gewiss, sie kommen zu Tausenden über die Grenze, es wird aber auch viel geschossen und es hat schon Tote gegeben und Du hast ja schließlich nicht deshalb den ganzen Krieg gut überstanden, dass Dir vielleicht dabei etwas passiert.

Dass Deine Sachen größtenteils geplündert sind, schrieben wir Dir ja schon. Hier haben wir den grünen Anzug, der braune ist in Dessau. Die guten schwarzen Schuhe sind in Dessau fort gekommen und hier Deine beiden Mantel fort. Die übrigen Schuhe und Stiefel sind hier. Die schwarze Arbeitshose ist hier, Deine Reithose und der Extrarock sind fort. Wäsche ist auch viel fort, aber es wird sich schon wieder etwas finden, dann teilen wir das, was noch hier ist. Sollte es Dir möglich sein, was zu bekommen, dann nimmst Du es natürlich, das machst Du ja schon alleine, das weiß ich. Einen Mantel kann man eventuell von der großen Decke machen lassen, davon könnte man dann auch eine Mütze machen lassen. Der Hut von Vati, welchen Du getragen hast, der ist noch hier.

Lieber Eberhard, Du schreibst, ob Du hier wohl Arbeit bekommen würdest, das ganz bestimmt, denn die Leute in Deinem Beruf sind gesucht und Schwerarbeiterkarte würde es jetzt dann auch geben, und mal Kartoffeln hamstern würde Dir wohl auch gelingen, also mit dem Essen würde es wohl so schlecht und recht gehen, aber mit der anderen Sache fürchten wir und deshalb möchten wir Dich eigentlich nicht hier haben. Vielleicht ist es nicht so schlimm, aber man möchte es darauf nicht ankommen lassen, vielleicht ist es im Frühling schon etwas übersichtlicher und auch gefestigter. Dass Du bei der Gefangennahme die Sachen eingebüßt hast, ist ja nicht schön, aber das ist wohl allen so gegangen, unser Fotoapparat ist auch fort, muss es halt ohne gehen und mit der Zeit wird es schon wieder etwas zu kaufen geben. Die Sparkonten sind hier alle noch gesperrt, es kann sich niemand Geld abheben. Wir brauchten ja Gott sei Dank bis jetzt keins, wir hatten etwas im Hause und Vati verdient ja auch wieder und das, was es auf Karte gibt, kostet nicht mehr viel.

Wenn die Grenze für den Reiseverkehr geöffnet werden sollte, dann würden wir gern mal rüber kommen, um unseren Jungen zu begrüßen. Ach

Kind, Du kannst Dir ja gar nicht denken, wie glücklich wir sind, dass wir Dich noch haben. Vati hat sich seit wir Nachricht von Dir haben, ganz großartig erholt. Er ist direkt wieder aufgeblüht, ich glaube, er wäre eingegangen, wenn Dir was passiert wäre. Es scheint aber eine ganze Menge Post verloren gegangen zu sein, wenn Du schreibst, das habe ich Euch ja schon geschrieben, so wissen wir oft noch nichts davon. Wir möchten auch so vieles noch wissen, ist es eigentlich wahr, dass sie Dich bis Konstanz[16] mit hatten, oder sollte der Transporter dort hingehen und Du hast Dich vorher abgesetzt[17]? Wie bist Du eigentlich nach Braunschweig gekommen und so verschiedenes mehr. Na, wenn wir erst mal beisammen sind, dann haben wir zu erzählen, da werden wir so schnell nicht fertig. Hast Du nun schon von den anderen Schulen Nachricht? Wir haben uns in Berlin noch nicht erkundigt, es wäre wohl jetzt mit der Verbindung auch zu anstrengend und umständlich, wenn Du täglich rein müsstest und dann die kleine Karte, das wäre wohl zu schlecht. Du meinst, dass Du den Winter nicht in Braunschweig bleiben möchtest, ist in Celle auch Arbeitsmöglichkeit und sind Lebensmittel die gleichen? Du bist bei Tante Heidchen nur

---

[16] Konstanz war am 26. April 1945 von den Franzosen eingenommen worden, kurz zuvor hatte man aber noch Wehrmachtssoldaten mit Transporten dorthin gebracht, um die Stadt zu verteidigen.

[17] „Absetzen" bedeutete nichts anderes als Fahnenflucht und wurde bei einer Entdeckung mit sofortiger Exekution bestraft. Trotz dieser drakonischen Strafe widersetzten sich zum Ende des Krieges hin immer mehr Soldaten ihren Befehlen, vor allem dann wenn sie wussten, dass sie sowieso in den fast sicheren Tod gebracht werden sollten.

---

kurze Zeit gewesen, wolltest Du nicht dort bleiben oder ging es nicht? Es ist wohl dort nichts mit der Arbeit und bei Tante auf die Dauer ist es auch nichts, nicht wahr?

Dass Tante Lisa Deinen Brief erhalten hat und gleich gekommen ist, um mir Nachricht zu geben, schrieb ich Dir wohl schon, aber da hatten wir auch gerade Deinen Brief erhalten. Hast Du es nun inzwischen mit Deiner Wäsche schon besser einrichten können, ja das ist alles so schwierig, wenn man schicken könnte, wie man wollte, dann wäre es einfach, Du schicktest Deine Wäsche nach Haus, man wäscht sie und Du bekommst sie wieder. Aber erstens gehen noch keine Pakete und zweitens glaube ich nicht, dass viele unversehrt ankommen.

Gestern erzählte mir auch eine Bekannte, dass H. ihr Mann diese Tage nach Magdeburg war und dass sie im Zuge geplündert haben. Ihm haben sie den Koffer fort genommen, einer Frau den Mantel ausgezogen, einem Mann 3000,- Mark abgenommen und wohl noch verschiedenes gestohlen. Ist das nicht scheußlich? Wie wird es erst werden, wenn die Tage noch kürzer werden? Wenn ich bloß wüsste, wie ich Dir wenigstens Deine Arbeitshosen und die dicken Stiefel zukommen lassen könnte, damit Du etwas hast. Pachtmanns haben von Günter noch keine Nachricht, ebenso ist von Hans Kohl und Günter Schachler noch nichts gekommen. Jochen Eigen hat sich auch gemeldet, ebenso Werner Stick und Rudi Otto. Die Eltern sind natürlich glücklich. Arnold Degler lebt wohl, ist aber noch nicht da. Hatte ich Dir übrigens schon geschrieben, *dass der Erwin Zellien, die Verwandten, die in Weißensee wohnen, beim Beschuss gefallen ist? Die Tante Hilde musste auch aus ihrer Wohnung raus, da er Pg.[18] war, auch den Garten haben sie ihr fortgenommen.*

Ebenso ist Herr Horn beim Beschuss gefallen, so dass Frau Horn nun ganz alleine steht. Wegen Deiner Schule soll ich Dir noch schreiben, dass Vatis Gehalt so ist, dass wir Dich noch davon auf die Schule schicken können, also mache Dir deshalb keine Sorgen.

Nun muss ich wohl Schluss machen, sonst kannst Du nicht alles an einem Abend lesen, aber man hat so viel zu fragen und zu antworten, dass man gar nicht fertig wird. Ich will die Briefe nun auch wieder nummerieren und fange mit Nr. 1 an, dann weiß man, ob alles ankommt.

Hoffentlich erhältst Du unsere Post recht bald und kommt alles an. Sei herzlich gegrüßt und geküsst von Deiner

Mutti und Vati

N.S.: Von Fockes und Tante Frieda und ihren Dreien soll ich Dich auch vielmals grüßen. Denke mal, gestern haben wir die erste Post von dem Herrn Haferbeck, dem Wachtmeister der im Januar mit den Soldaten hier in Einquartierung war, erhalten. Er schreibt so nett, werde ihm auch bald ant-

---

[18] Mit „Pg." ist hier ein **P**arteigenosse der NSDAP gemeint.

worten, man freut sich, wenn jemand so anhänglich ist.

-

Eben sehe ich, dass Du auch eine Nummer hast geschrieben, also Nr. 1 ist hier.

Nr. 2

Hennigsdorf, 12.11.45

Mein lieber Junge!

Es soll nun Zug um Zug gehen, wir erhielten heute Brief Nr. 2, haben uns riesig darüber gefreut, so sollst Du auch heute sofort Antwort haben. Briefe haben wir nur die bekommen, welche wir Dir bestätigten, Tante H. haben wir zwei Karten über die Firma geschickt.

Die erste Nachricht brachte uns der kriegsbeschädigte Waldemar Oldorp aus Hennigsdorf, Liebknechtstraße 39 am 9. September (Sonntag) in den Garten. Du bist mit dem Kameraden im Zuge nach Bad Oldesloe zusammen gefahren, dann haben wir immer auf ein weiteres Lebenszeichen von Dir gewartet. Nun scheint ja die Post regelmäßig zu gehen. Fräulein Steinberg wird nun diese Woche fahren, hat den Brief vom 5. noch, sie will Dich persönlich aufsuchen. Tante H. ist ja dann sehr nett gewesen, wenn sie Dir gleich am ersten Tag gesagt hat, dass sie Dich nicht lange da behalten kann. Marbod ist es nämlich so ähnlich ergangen; obwohl der vorher allerhand Lebensmittel hingebracht hatte. Marbod sagte, mein Vetter kann mir leid tun,

—

30

wenn er bei Tante H. wohnt, wir haben mit unserer Verwandtschaft nicht viel Glück. Wenn ihr 600 km getippelt seid, dann habt ihr ja allerhand gesehen und erlebt, wie viel Zeit habt ihr denn dazu gebraucht?

Nun, mein lieber Junge, wollen wir beide uns erst einmal über Deinen ferneren Lebensweg unterhalten.

1.) Eine Abendschule besuche auf keinen Fall, Du weißt, wie einem das anhängt, man kann noch so tüchtig im Beruf sein, man kommt aber nur bis zu einer bestimmten Stellung, dann ist es aus.

2.) Die Kosten für Dein Studium und den Lebensunterhalt, sofern Du nicht beabsichtigt bis an Dein Lebensende zu studieren, übernehme ich, es sei denn, dass ich arbeitslos werde oder solch geringes Einkommen habe, dass ich es nicht mehr kann, nach meinem derzeitigen Einkommen, und dem was ich in Zukunft bekomme, können wir es von meinem Gehalt durchführen, ohne ein Sparkassenkonto zu gebrauchen und ohne zu darben.

Mache Dir also keine Sorgen darum, wenn Du also Dich anmeldest für ein Studium, denke nicht, ich habe ja das Geld noch nicht zusammen. Ich habe mich riesig gefreut, dass Du weiter strebst. Also 500,- bis 600,- Mark pro Semester für Lebensunterhalt sind bewilligt. Ich denke, Du wirst es uns durch Deine Liebe und Anhänglichkeit vergelten. Schön wäre es ja, die Russen würden abziehen und Du könntest von hier aus die Schule besuchen.

Du schreibst, Du musst für Dein Zimmer 30,- Mark bezahlen, das ist aber nicht zu viel, wenn es ein nettes großes Zimmer ist. Kannst mir mal eine Skizze von der Frankfurter Straße machen, dann weiß ich, welches Haus es ungefähr ist, denn ich bin ja fünf Jahre da lang getrabt, besser mit dem Rade gefahren, die Ecke kenne ich ziemlich genau.

Deine Bücher sind noch alle da, ebenso auch die Fotoalben. Wir haben unsere Wohnung uns ganz gemütlich gemacht, nur die Teppiche fehlen, das ist hässlich, die fehlenden Bilder haben wir durch andere ersetzt.

Was ich noch sagen wollte, ehe Du Dich für eine Schule verpflichtest, erkundige Dich, ob dieselbe gut ist und für Staatsstellungen zugelassen, die Schulen sind nicht alle gleich.

Du fragst, ob hier in Hennigsdorf gekämpft wurde, wir haben bei uns im Garten auch Treffer in die Hecke bekommen, in der Straße bei Schmidt und Philipp, Rathenaustraße 10 und 11 und 12 sind Treffer, mein Büro und das ganze lange Gebäude sind durch Brand und Volltreffer vernichtet, die hohe Schule ist ausgebrannt, die Kämpfe haben um Hennigsdorf von 11 bis 5 Uhr gedauert, dann hat sich die Wehrmacht abgesetzt. Hier ist ja, bzw. in Schönwalde, der ganze Volkssturm in Gefangenschaft geraten, wir haben hier in Hennigsdorf auch ziemlich viele Verluste. Mandig ist auch gefallen.

Ich brauchte mit dem Volkssturm nicht mit, da ich doppelt U.K.[19] gestellt war und für das Werk hierbleiben musste, war auch man gut so, vom

---

[19] Als „U.K." (Unabkömmlich) bezeichnete man die Deutschen, die aufgrund ihrer Tätigkeit in der Heimat nützlicher waren als an der Front, und deshalb nicht eingezogen werden konnten.

Volkssturm sind verschiedene in der Gefangenschaft noch gestorben, bzw. ganz elend wieder gekommen.

Nun schreibe uns doch mal, wo offene Grenzen sind und ob man dort unbehelligt passieren kann, bzw. welche Papiere man mitnehmen muss. Wenn nur nicht mehr so geplündert würde, wir würden je eher je lieber einmal kommen um uns mit Dir zu unterhalten.

Hast Du an die Dessauer schon einmal geschrieben? Was beginnst Du sonntags, wie ist das Leben in Braunschweig, ist dort viel kaputt, werden die Fabriken auch so ausgeplündert wie hier?

Nun, mein lieber Junge, will ich für heute schließen, es ist hier 21.45 Uhr, bei Euch erst 20.45 Uhr, unser Oberleutnant ist noch nicht hier, sonst würde es in die Falle gehen. Sei vielmals herzlich gegrüßt und geküsst von Deinen

Eltern

N.S.: Falls Du Geld brauchst, schreibe es, dann schicken wir Dir.

Nr. 3

Hennigsdorf, den 15.11.45

Mein lieber Junge!

Heute erhielten wir Deinen lieben Brief Nr. 3 vom 8., habe herzlichen Dank. Inzwischen wirst Du auch gewiss wieder Post von uns erhalten haben.

Ich mache mir nun so viel Gedanken, wie man Dir Deine Sachen zukommen lassen könnte, es ist so schwierig. Beide fort können wir auf keinen Fall, erstens kann Vati nicht gut länger fehlen, denn er ist doch, wie er Dir schon schrieb, wieder in seinem Beruf und zwar für Lok. Rep.[20] und Neubau, da hat Vati die Planung für den ganzen Aufbau und zweitens haben wir doch einen russischen Oberleutnant hier wohnen, also ist es auch für mich ziemlich unmöglich länger fortzumachen und dann ist es vor allen Dingen so gefährlich in den Zügen mit dem Plündern wenn ich denke, sie könnten einem das bisschen, was noch übrig geblieben ist und man Dir mitbringen will, fortnehmen, dann würde ich bestimmt rasend werden. Du schreibst in Deinem Brief, wenn wir zu Tante Emmi können, wäre es besser, wir kämen zu Dir statt umgekehrt. Hast Du Dich da geirrt, oder wie meinst Du das, denn sieh einmal, eine Fahrt nach Berlin ist doch noch lange keine Fahrt ins englische Gebiet. Berlin ist im Ganzen frei, da kann man überall hin, da gibt es keine Sperren. Es fahren U-Bahn, S-Bahn und Elektrobahnen, natürlich alles noch eingeschränkt, weil so viel entzwei ist und von der S-Bahn teilweise das zweite Gleis abmontiert ist, so dass der Verkehr nur eingleisig geht und dementsprechend oft umgestiegen werden muss. Die Züge pendeln nur,

---

[20] „Lok.-Rep." ist hier die Abkürzung für „Lokomotiven-Reparatur", die das von den Sowjetmächten AEG-Werk noch bis 1948 in Hennigsdorf ausführte, bevor man das Werk 1948 offiziell in VEB Lokomotivbau Elektrotechnische Werke Hennigsdorf (LEW) umbenannnte.

von Charlottenburg bis Zoo, dann bis Bellevue, bis Lehrter Bahnhof und Friedrichstraße, aber wir sind froh, dass sie überhaupt wieder verkehren. Bei uns ist das Schlimmste ja, da die Brücken gesprengt sind, gehen die Züge nur bis Heiligensee, oder man läuft ein gutes Stück. Statt der Fähre haben die Russen eine Brücke gebaut, welche benutzt wird; wenn ein Dampfer kommt, wird ein Kahn ausgefahren. Man muss also immer eine Stunde Weg rechnen, ehe man ein Fahrzeug erreicht.

Unsere schöne Brücke bei Neubrück (was nebenbei vollständig ausgebrannt ist) liegt im Wasser, links davon ist auch eine niedrige Brücke (auf dem Wasser aufliegend) gebaut, aber der Weg da hinunter ist fast unpassierbar, solch ein Modder, wir sind wirklich extra gestraft. Sie erzählen hier, dass sich die Leute in die englischen Züge, welche von Spandau abgehen, einschließen lassen um ins englische Gebiet zu kommen, dafür nehmen aber die Begleitmannschaften schon bis zu 1000,- Mark oder gute Uhren und so etwas, das ist uns doch etwas viel. Gewiss, man hat ja dann wohl die Sicherheit, dass man nicht ausgeplündert wird. Du wolltest uns doch noch eine Adresse mitteilen, mit der wir in Verbindung treten können, um Dich zu erreichen. Deine Windjacke ist auch noch da, die hatten sie in der Laube liegen lassen. In Dessau ist nur Dein brauner Anzug und die schwarz gefärbten Schuhe, die Du im R.O.B.-Kursus[21] getragen hast,

---

[21] „R.O.B." ist in diesem Fall die Abkürzung für „Reserve-Offizier-Bewerber", ein Lehrgang, der während der Dienstzeit in der Wehrmacht absolviert werden konnte.

das Übrige ist hier. Du meinst, Du willst Dir noch ein billigeres Zimmer suchen, aber das tue nur nicht, wenn es Dir sonst angenehm ist und die Hausfrau ist nett, dann behalte es nur, mehr als 5,- bis 6,- Mark kannst Du nicht sparen, wenn Du nicht ein zu einfaches Loch nimmst und den Unterschied schicken wir Dir schon, ich lege heute 10,- Mark bei, damit Du nicht zu knapp bist, in den nächsten Briefen vielleicht mal wieder, vielleicht bekommst Du auch mal was zu kaufen, dann brauchst Du nicht so auf eine Mark zu sehen. Hier sind die Menschen noch sehr großzügig mit dem Geld, ich habe neulich auch einen halben Liter Öl für 400,- Mark gekauft, weil ich kein bisschen Fett hatte. Ist natürlich viel und oft kann man es auch nicht machen, aber was nützt das Geld, wenn man die Zeit nicht überlebt? Von der Räumung unseres Gebietes ist schon seit Ende Juli die Rede, immer erzählen sie von einem Termin zum anderen, ehe sie nicht fort sind glauben wir es nicht, es wäre zu schön um wahr zu sein.

Wie wir Dir schon schrieben, sind bis jetzt die Sparkonten noch alle gesperrt, ich denke mir, das kommt auch noch, dass das gelockert wird. Kannst Du uns nicht einmal eine Zeitung von dort mit senden oder ist das verboten? Übrigens wollte ich Dich auch fragen, ob Du nicht ein paar Beutelchen Süßstoff dort bekommst, wir bekommen hier so wenig Zucker und jetzt ist der Süßstoff, den Du mir damals[22] besorgt hast, alle geworden. Solch ein

---

[22] Vermutlich als Marketenderware von der Wehrmacht.

---

kleines Beutelchen ließe sich sehr gut in einem Brief einlegen. Hier auf dem schwarzen Markt zahlen Sie 5,- bis 10,- Mark für ein Tütchen, ist doch verrückt, nicht wahr, oder kostet es dort ebenso viel? Von Deinem Werkzeug ist die Axt fort, der Hobel und der Hammer. Für den Hammer hat Vati schon einen neuen umschmieden lassen. Die Langschäfter von Onkel Fritz sind da, Vatis alte sind fort. Deine Arbeitsstiefel sind auch da und die dicken Halbschuhe (braun) auch.

Vati sagt, wenn Du Geld brauchst, kannst Du es frei und offen schreiben, brauchst nicht hinter dem Berge damit zu halten, denn wir wissen ja, dass Du kein Verschwender bist. Euer Verdienst ist ja nicht sehr hoch, wie viel kommt denn da Stundenlohn? Aber von den 34,- Mark ist doch wohl Euer Mittagbrot schon abgezogen, nicht wahr? Du wolltest uns doch ein Bild mitschicken, wir freuen uns schon darauf. Hier reden sie auch davon, dass die Grenzen für den Verkehr in die anderen Zonen geöffnet werden sollen, aber das glaube ich nicht. Man hört ja überhaupt so allerlei, aber man weiß nicht, was wahr ist.

Hatte ich Dir eigentlich schon geschrieben, dass wir von dem Wachtmeister (die im Januar hier im Quartier waren) jetzt einen Brief bekommen haben? Das ist ein sehr netter Mensch und hat sich sehr wohl gefühlt bei uns. Wenn Du den mal besuchen würdest, der würde sich bestimmt freuen, aber es ist ja wohl zu weit. Er wohnt Wesermünde-Lehe, Poststraße 38, Hans Haferbeck. Er ist verheiratet, aber nicht ganz glücklich und hat einen sieben oder acht Jahre alten Jungen. Ich werde mich beisetzen und Dir ein Paar Fausthandschuhe stricken und sie Dir in zwei Briefen senden, ich glaube, es gehen Briefe bis zu 500 g, muss mich aber noch erkundigen. Ist es nicht schrecklich, dass man seine Lieben im eigenen Lande nicht besuchen kann wie man will? Wie konnte man uns nur in eine solche Lage bringen?

Für heute will ich schließen, bleib gesund mein Herzensjunge, es grüßt und küsst Dich, auch Vati, Deine

Mutti

N.S.: Vati sollte mir 20,- Mark wechseln, er hat mir nun aber die 10,- Mark so gegeben, also Dein Vati schickt sie Dir, er tut es gern für seinen Jungen. Du kannst Dir nicht denken, wie er sich gegrämt hat, ehe Nachricht von Dir kam, jetzt ist er ordentlich aufgeblüht.

Nr. 4

Hennigsdorf, den 19. November 45
Lieber Eberhard!

So, Deine Handschuhe sind fertig, hoffentlich kommen sie an und sind recht bald bei Dir, damit Du Dir Deine Pfötchen wärmen kannst. Passen werden sie denke ich, für Vati sind sie etwas lang, aber Deine Hand ist ja auch etwas größer. Zum Glück hatte ich noch etwas Wolle in die Laube mit-

genommen, wenn sie hier geblieben wäre, wäre sie bestimmt fort. Ich habe Fäustlinge gestrickt, erstens geht es schneller, zweitens halten sie besser und drittens wärmen sie mehr, ich hoffe, dass sie Deinen Beifall finden, wenn sie nur nicht verloren gehen, ich bin jetzt noch etwas skeptisch.

Ich hoffte, heute wieder Post zu erhalten, aber leider vergeblich. Jetzt ist man schon wieder so verwöhnt, dass man jeden Tag Ausschau hält. Mit der Reise von der Helga Steinberg wird es wohl nichts werden, es soll so schwierig sein, da wollen die Eltern sie nicht fahren lassen, sonst hätte sie Dir Deinen Hut mitgebracht, mal sehen, wenn das sehr gut ankommt, schicke ich ihn vielleicht auch mit der Post. Sag mal, könnt ihr dort Zwiebeln kaufen? Hier gibt es keine. Bis jetzt haben wir trotz der neuen Karten weder Zucker noch Marmelade oder Nährmittel bekommen, es ist ein Jammer.

Heute will ich Schluss machen, ich schreibe in den nächsten Tagen wieder. Bleib recht gesund, sei innig gegrüßt und geküsst von Deinen

Eltern

Nr. 5
Hennigsdorf, den 21.11.45
Lieber Eberhard!

Gestern erhielten wir Deinen lieben Brief Nr. 4 vom 11., der ist verhältnismäßig lange unterwegs

---

gewesen, hoffentlich hast Du nun inzwischen von uns laufend Post erhalten und bist über alles nun schon mehr im Bilde. Am liebsten wäre es uns natürlich, wir hätten Dich hier bei uns, aber weißt Du, mit dem Essen ist es doch so knapp, dass wir uns kaum richtig satt essen können und wenn ich nichts aus Dessau herbekommen hätte, wüsste ich oft nicht, was ich machen soll. Natürlich reicht das ja auch nicht für lange, man muss dann halt weiter sehen. Seit dem 1. November haben wir nun andere Karten als vorher und zwar bekommt Vati als Ingenieur im Aufbau der Transporte eine Schwerarbeiterkarte, darauf gibt es täglich folgende Rationen:

- 20 g Fett
- 40 g Fleisch
- 25 g Zucker
- 30 g Marmelade
- 400 g Brot
- 40 g Nährmittel
- 400 g Kartoffelm

Heute ist der 20., und wir haben bis jetzt noch 100 g Fett und 600 g Fleisch bekommen, Brot und Kartoffeln für die ganze Zeit, alles andere steht noch aus. Auf meine Karte bekomme ich:

- 200 g Brot
- 10 g Nährmittel
- 15 g Zucker
- 30 g Marmelade
- 300 g Kartoffeln

Außer Brot, Kartoffeln und 150 g Zucker haben wir auch noch nichts bekommen. Unser Vorrat ist auch fast alle, so dass ich manchmal nicht weiß,

---

was ich auf den Tisch bringen soll. Aber Vati tröstet mich immer und sagt, es wird schon wieder besser werden. Also sieh einmal, da ist es für Dich vielleicht doch besser, wenn Du noch ein Weilchen dort bleibst, wenigstens solange Du Arbeit hast, dann brauchst Du doch nicht zu hungern. Arbeit gibt es in Deinem Beruf jetzt natürlich überall, wir sagen oft, es ist nur gut, dass Du Deinen Beruf hast, denn der ist bestimmt auf lange Zeit gefragt. Über die Schule haben wir Dir ja ausführlich geschrieben, hoffentlich kommen die Briefe alle an. Keine Abendkurse, suche Dir die beste Schule aus, ich erkundige mich in Berlin auch noch und ums Geld brauchst Du fürs Studium keine Sorge haben.

Mit der Feuerung ist es ja auch knapp, manche haben hier sehr viel Holz, haben im Wald geschlagen, aber wir konnten das nicht, waren beide und ich besonders, dazu zu schlapp und dann ist ja immer die Arbeit im Garten. Wir haben nun eben das Holz aus unserem Garten, die Birke usw., bloß sie[23] haben uns in den fünf Wochen auch so viel Holz verbraucht, haben täglich gebadet. Na, wir richten uns ein, wir wohnen jetzt in der Küche, unser Herd heizt gut, haben uns die große Stehlampe rausgeholt, da ist es ganz gemütlich. Die Stube kann ich leider auch nicht heizen, denn ich habe keinen Koks[24] und außerdem fehlen uns auch die

---

[23] Gemeint sind die Einquartierten, für deren Bad heißes Wasser bereitgestellt werden musste.

[24] Koks ist ein poröser, stark kohlenstoffhaltiger Brennstoff mit hoher spezifischer Oberfläche, der aus Kohle erzeugt wird.

Rohre, die haben wir nämlich in der Laube, für welche Vati einen schönen Herd gebaut hat. In den fünf Wochen haben wir in unserer Laube gewohnt und damit ich kochen konnte, hatte uns erst Frau Rehfeld einen Herd geborgt und dann hat Vati einen gebaut, ganz prima und hat das Kochen darauf Spaß gemacht. Sag mal, sind denn dort auch die Streichhölzer so knapp, hier hat es in den sieben Monaten eine Schachtel gegeben, es läuft immer einer zum andern und nimmt sich Feuer ab.

Am 22. April[25] waren die Russen nachmittags im Werk und am Montag früh waren sie überall in Hennigsdorf. Um 9 oder 9.30 Uhr kamen die ersten, bei uns schlugen sie hinten mit dem Kolben an die Tür, denn unsere Fliederhecke hatte einen Treffer bekommen, so dass man gar keine Gartentür brauchte, es ging frei in den Garten. Die ersten nahmen Vatis Uhr, die nächsten Feuerzeug, Taschenlampe, usw., manche gingen auch wieder, ohne etwas anzufassen.

Dann kamen die Ostarbeiterinnen[26] mit Soldaten als Schutz, die haben am meisten geplündert. Das ging noch bei uns, da nahm eine bloß meinen schwarzen Mantel. Acht Tage haben wir noch im Keller geschlafen, jede Nacht kamen sie, angeblich

---

[25] In der Nacht vom 22. auf den 23. April 1945 wurde Hennigsdorf von der Sowjetarmee während ihres Vormarsches auf Berlin eingenommen und zum ersten Mal ausgeplündert.

[26] In dieser zweiten Plünderungswelle waren es nun Zwangsarbeiterinnen, die aus dem nahegelegenen Außenlager des KZ Ravensbrück befreit worden waren, um unter Aufsicht der Soldaten plündern zu können, also quasi eine sofortige und direkte Reparationszahlung durch die deutsche Bevölkerung erhielten.

Kontrolle, aber die habe ich immer gut wieder los-
werden können. Ein junges Mädchen, die Ellen, Du
kennst sie ja auch, kam zu uns, weil im Lager drü-
ben die Mädels alle vergewaltigt wurden, da kam
sie in ihrer Not zu uns, sie hatte sich noch immer
verbergen können. Die ersten Tage hatten wir sie
unterm Apfelbord in der Nacht versteckt, da hat sie
nie einer gesehen, obwohl viele im Keller waren.
Unsere vier Frankfurter[27] haben im Gang auf Mat-
ratzen geschlafen und wir beide auf dem Chaise-
longue, es war eine aufregende Zeit. Als wir zwei
Tage oben geschlafen hatten und gerade anfingen,
uns etwas zu beruhigen, da heißt es am 10. Mai um
12.30 Uhr bis um 15 Uhr muss die Straße geräumt
sein. Da war es mit meiner Beherrschung aus. Die
Ellen rannte nach der AEG um Vati zu holen, ich
fuhr dann mit dem Rade zum Garten den Wagen zu
holen (die meisten Räder hatten sie auch schon
mitgenommen) und dann zusammensuchen und
fortfahren, es ging alles in Aufregung, man weiß
nicht, was das wichtigste ist, Betten, Kleidung, Wä-
sche, Lebensmittel, usw.! Ich dachte auch nicht,
dass es so aussehen könnte nachher, wie es ausge-
sehen hat. Das was nach unserer Rückkehr fehlte,
schreibe ich Dir beim nächsten Mal. Im Keller und
Boden war nicht zu treten, sämtliche Kästen und
Zeitungen und dergleichen waren umgekippt und
durcheinander gewühlt, von den Sachen und Wä-
schestücken war nichts mehr da. Es ist nun nicht zu

---

[27] Vermutlich Flüchtlinge aus Frankfurt, entweder mit der Familie bekannt
und freiwillig dorthin geflüchtet, oder ebenfalls von der Regierung zwangs-
einquartiert.

ändern, wir sind froh, dass wir alle gesund und heil sind, das andere wird sich wohl wieder ersetzen lassen; hoffentlich bleibt uns das, was wir noch haben, an den Verlusten der Flüchtlinge gemessen, haben wir ja noch viel.

Das Dumme ist nur, dass die Koffer in Brandhorst auch beraubt sind. Der gute Lederkoffer ist mit einem Inhalt fort und im anderen ist nur wenig, aber zum Glück Dein Anzug. Tante Frieda hat auch viel Wäsche und ihr Silber eingebüßt und Fockes auch, alles in Brandhorst, in Dessau ist ihnen gar nichts weg gekommen, aber wer konnte das ahnen, dann hätte man alles in den Schränken lassen können und könnte sich die Aufregung sparen. Die Bücher im Bücherschrank und Deine sind nicht beschädigt, bis auf einige, die sie zum Feuern gebraucht haben.

Sag mal, schreibe doch mal an Marbod, ob er Dir den Mantel bei Tante nicht leihen will, Du würdest sorgfältig mit umgehen und im Frühjahr zurückgeben. Zu Tante könntest Du doch wohl hin und ihn holen? Post war bis zum 7. noch nicht in Dessau eingetroffen, vielleicht nach dem ich fort war. Morgen will ich mal wieder nach Berlin fahren zu Tante Emmi, die soll nicht auf dem Posten sein und Tante Käthe, es ist immer eine Strapaze. Berlin sieht auch schrecklich aus, ganze Stadtviertel nur Trümmer, es ist ein Jammer. Wohnte eigentlich die Frau Rohde nicht mehr dort?

Nun muss ich wohl Schluss machen, sonst reicht der Bogen auch noch nicht und Du schaffst es nicht, an einem Abend zu lesen! Vati ist fleißig

---

bei den Weihnachtsarbeiten, für Ulfi hat er einen schönen Rollwagen mit Pferdchen gebaut, wie Deiner war und ich habe ihm heute die Hausschuhe endlich fertig gemacht, die er voriges Weihnachten bekommen hat, er hat sich beklagt, sonst hätte er sie schließlich dieses Weihnachten noch einmal bekommen.

Gute Nacht, mein Junge, es ist 11 Uhr. Es grüßt und küsst Dich Herz in wirklich Deine

Mutti und Vati

Hennigsdorf, 24.11.45

Mein lieber Junge!

Damit Du nicht wieder so lange auf Post warten musst, sollst Du heute noch einen Brief bekommen. Es ist ja bereits 23 Uhr, aber unser Laufbursche ist ja noch nicht hier, so wollen wir noch mit Dir plaudern. Bei Mutti kratzt bereits eifrig die Feder auf dem Papier, ich werde wohl noch einen Topf Wasser daneben stellen müssen, sonst gibt es noch einen Heißläufer und dann sitzt die Feder auf dem Papier fest.

So, bei uns ist nun der Winter eingezogen, wir haben heute wohl den letzten Tag in diesem Jahr im Garten geschafft, es gab heute den Hauch einer Schneedecke. Bis auf die Rabatten, den Mittelweg und ein Stück von den Himbeeren ist alles gegraben, ich hab ja immer noch zu tun, aber die Hauptarbeit ist geschafft. Morgen wollen wir zu

Tante Emma und Onkel Hugo, Onkel hat Geburtstag. Was wirst Du wohl morgen beginnen?

Wir leben jetzt in der Küche, mit einer ganz kleinen Feuerung heizt es ganz gut. Hoffentlich wird der Winter nicht ganz zu kalt.

Nun sag mal, bei welcher Firma bist Du denn beschäftigt, kannst uns darüber auch mal schreiben, kannst Du Dir denn von Deiner Baustelle nicht Feuerung mitbringen, dass Du eine warme Stube hast, wir warten nun täglich auf Post von Dir, so wie Du wohl auch auf welche von uns wartest.

Die S-Bahn nach Heiligensee fährt jetzt halbstündlich, ist auch schon ein Wunder. Die AEG hat jetzt schon wieder eine Belegschaft von 1330 Mann, es geht also wieder aufwärts, hoffentlich gibt es nicht noch Kohlenmangel.

Nun will ich für heute schließen, es grüßt und küsst Dich Dein

Vati

Nr. 6

Hennigsdorf, den 24.11.45

Lieber Eberhard!

Es ist Sonnabend Abend, da wollen wir noch ein bisschen mit unserem Jungen plaudern. Morgen wollen wir nach Charlottenburg, Onkel Hugo hat Geburtstag. Er tut einem recht leid, mit seinen Augen ist es sehr schlecht geworden, er trägt jetzt auch die Blindenarmbinde, er unterscheidet wohl nur noch hell und dunkel. Nur die kalte Wohnung, Zentralheizung gibt es doch nicht und im Eckzimmer ist doch alles entzwei. Das Dach hatte noch am letzten Tage einen Treffer erhalten, so dass die drei Zimmer hinten nicht bewohnt werden können. Sie haben sich die ersten beiden eingerichtet, wenn es aber regnet, läuft das Wasser auch in diese Zimmer, dann sind auch die Betten voll geregnet und sie mussten in der Nacht aufstehen und das Wasser aufschöpfen. Da kannst Du Dir denken, wie schlimm das für solche alten Leutchen ist. Tante ist schon 78 und Onkel wird morgen 76. Vati wollte ja eigentlich nicht den Sonntag opfern, aber sie freuen sich doch, wenn wir kommen. Sie erkundigen sich auch immer gleich nach Dir und nehmen teil an allem. Im Zimmer haben sie sich nun einen Ofen aufgestellt, aber es fehlt an Kohlen, nicht eine haben sie, ist Ihnen alles aus dem Keller gestohlen. Tante sagt, sie hatte noch ein ganzes Teil. Es ist ein Trauerspiel, wenn nur der Winter erst vorbei wäre. Wie geht es Dir denn, ziehe alles an, was Du hast, damit Du Dich nicht erkältest und wenn Du Dir was kaufen kannst zum Wärmen, dann tue es. Ich lege Dir 10,- Mark bei, werde mich mal erkundigen wenn Postanweisungen gehen, schicken wir Dir 100,- Mark, damit Du Geld in Händen hast. Post können wir noch nicht bestätigen. Nr. 4 vom 11. haben wir am 20. erhalten. Nun gute Nacht, mein lieber Junge, bleib gesund, sei herzlich gegrüßt und geküsst von Deiner

Mutti

Hennigsdorf, den 27.11.45

Mein lieber Junge!

Heute erhielten wir endlich wieder Post, und zwar Deinen lieben Brief Nr. 5 vom 19. des Monats. Deine Briefe sind nun alle der Reihe nach hier eingetroffen, nur von den ganzen, die Du vor Braunschweig geschickt hast, ist nur der eine angekommen der über die Firma ging und den brachte Onkel Hans mit. Von den ganzen Leuten, denen Du Bescheid gesagt hast oder Briefe mitgegeben, hat sich, bis auf den Herrn Oldorp hier aus Hennigsdorf, niemand gemeldet. Mit diesem Herrn bist Du da in der Gegend von Oldesloe eine Stunde im Zuge zusammen gewesen. Er kam aus dem Hamburger Lazarett und Du wolltest zu Tante. Unsere Post hast Du laufend bekommen.

Mutti hat hier aufgehört, schreibt noch einen Brief an die Mädels nach Dessau zum Geburtstag, da will ich nun die Fortsetzung schreiben. Als ich heute Morgen zur AEG ging, traf ich Fräulein Steinberg, die sagte mir schon, dass Du bei ihrer Schwester in Wolfenbüttel warst und dass die Schwester glaubte, Du kämst aus Hennigsdorf. Übrigens, gestern war der Herr Oldorp bei uns und hat sich erkundigt, ob wir schon weitere Nachricht von Dir haben, ist doch nett. Was Du schreibst von der Räumung[28] ist hier auch in Umlauf, wir glauben

---

[28] Gerüchte über die „Räumung", also den Abzug der Alliierten aus Deutschland, machten immer wieder die Runde, beruhten aber wohl eher auf Hoffnungen als auf echten Informationen.

aber nicht eher daran, ehe wir es nicht sehen. Dass die Fotos und Briefe noch da sind, haben wir Dir ja schon geschrieben. Ein Passbild von Dir haben wir noch nicht erhalten, schicke doch noch mal eins. Wir wollen uns lieber nicht fotografieren lassen, bei mir geht es ja schon wieder, Mutti sieht aber noch schlecht aus. Die Wohnung ist sonst ganz geblieben, nur verschiedene Fensterscheiben fehlen[29]. In Hennigsdorf sind an sich die Privatschäden größtenteils beseitigt, die Schule hat auch wieder ein Dach. Von Deiner Flucht aus Konstanz hat uns Herr Oldorp erzählt, vielleicht hat er nicht mehr alles so gewusst, oder wir haben in unserer großen Freude etwas falsch verstanden. Wir werden ja noch Näheres über die ganze Zeit erfahren.

Frau Rieske hat sich am Sonntag doch auch bestimmt gefreut, habt ihr Euch beide gekannt? Wenn Du wieder solltest hinkommen, grüße bitte von uns. Frau Rieske sollte ja eigentlich nichts vorher wissen. Sollte Fräulein Steinberg noch fahren, so bringt sie Dir auch unsere Post mit. Nun will ich schließen, Mutti schreibt in den nächsten Tagen. Mit vielen herzlichen Grüßen und Küssen, Deine

Eltern

---

[29] Zu dieser Zeit bewegten sich die Temperaturen bereits um den Gefrierpunkt, was auch erklärt, wieso jetzt in der Küche beim Herd gewohnt und quasi um Kohlen/Feuerholz gebettelt wurde. Noch jahrelang würden ärmere Menschen erst in die Wälder und dann durch die Straßen ziehen, um geschlagenes Feuerholz gegen Essen, Kleidung und sonstige Dinge zu tauschen. So entstand ein regelrechter Markt für alles Brennbare, bei dem es dann auch unzählige Tote gab, die Ruinen durchsucht hatten und dabei von Blindgängern oder einstürzenden Trümmern getötet worden waren..

Hennigsdorf, den 2.12.45

Lieber Eberhard!

Post kann ich ja noch nicht wieder bestätigen, aber damit keine so große Lücke entsteht, will ich doch heute noch ein wenig mit Dir plaudern. Hoffentlich hast Du inzwischen alle unsere Post erhalten und besonders das Päckchen vom 19.11. mit den Handschuhen, passen Sie denn? Morgen werde ich mal an das Fräulein Bollmann schreiben und fragen, wie es mit dem Fahren ist, wenn sie bloß alle nicht so viel vom Plündern erzählen, denke doch nur, wenn ich Dir den Anzug bringen würde und der würde geklaut, gar nicht auszudenken. Sieh nur zu, was Du Dir selber kaufen kannst, das tue, denn an Wäsche hast Du herzlich wenig hier. Vati hat kein warmes Stück, aber zieht er zwei Sommersachen an, dann geht es. Vielleicht wird der Winter nicht so kalt.

Sag mal Junge, an Fett, Butter, Margarine oder Speck gibt es dort wohl auch nichts, ich habe uns jetzt ein Pfund Butterschmalz bestellt, 400,- Mark, aber ich muss etwas haben, damit man den Winter durchhält; es gehen ja Briefe bis 500 g, wenn es Dir möglich wäre, mal was aufzutreiben, wenn es auch nur 100 g sind, es hilft weiter und vielleicht ist es dort nicht so teuer oder Du hast Gelegenheit mal so etwas zu bekommen fürs Arbeiten. Ebenso ist es mit Zucker und Mehl, letzteres kostet 40,- Mark das Pfund. Heute ist unser Oberleutnant fortgegangen, hatte in der letzten Zeit nur alle 3-4 Tage hier geschlafen, ohne einen Ton zu sagen oder sich gar zu verabschieden ist der mit seinen Kisten fort, er hatte sich drei Leute zum Tragen mitgebracht, als ich ihn an der Tür fragte: „Anderes Quartier?" sagten sie nur alle vier „Moschkau", also geht's anscheinend nach Russland. Vielleicht stimmt das doch, was Du da gehört hast vom Räumen. Es wäre ja bestimmt schöner, wenn wir ohne Besatzung wären. Im Osten, Posen usw., soll es sehr schlimm sein, der Pole wirft alles raus und nimmt den Menschen alles fort. Aber er sagt auch selbst, wir bleiben ja doch nicht hier. Ich habe eine Frau gesprochen, die ist gestern von dort gekommen, sie sagt, es ist nicht zu beschreiben, wie es dort zugeht, sie hatte einen Schlag vom Kolben im Gesicht und hinkte, weil sie einen Tritt ans Schienbein bekommen hatte. Sie wollte ihren Mantel nicht hergeben, konnte sich aber doch nicht wehren. Sie sagt, nicht für eine Million würde sie jetzt noch mal fahren. Was müssen die Menschen durchmachen, es ist schrecklich.

Fräulein Steinberg ist bis jetzt noch nicht gefahren, wer weiß, ob sie noch fährt, sie sollte sich einem Flüchtlingszug anschließen, es hat aber noch nicht geklappt. Gibt es dort auch keinen Hut zu kaufen, Du könntest doch dann ihn aufarbeiten lassen. Ob Dir denn Dein Hut noch passt, eventuell versuche ich ihn zu schicken.

Für heute genug, bleib gesund und sei herzlich gegrüßt und geküsst von Deinen

Eltern

Nr. 9

Mein lieber Junge!

Gestern erhielten wir Deinen lieben Brief Nr. 7 vom 26., worin Du uns den Erhalt der Handschuhe bestätigst. Ich freue mich, dass sie angekommen sind, hoffentlich geht auch alle übrige Post gut und hast Du inzwischen auch Nr. 3 erhalten. Dein Brief Nr. 6 fehlt auch bis jetzt, vielleicht kommt er heute. Wenn Du uns eine Kleinigkeit schicken kannst, wäre es herrlich, alles was überhaupt zu essen geht ist willkommen, ob es Mehl, Grieß, Puddingpulver, Haferflocken, Grütze oder Nudeln sind, wir haben noch nichts bekommen. Auch Roggen oder Weizen würden wir uns durchmahlen und zur Suppe kochen. Nur Nährhefe habe ich aus Dessau mitgebracht. Vielleicht gibt es auch mal ein Backpulver oder Bouillonwürfel. Ebenso haben wir keinen Zucker.

Ich sende Dir heute Deinen Schal, Du wirst ihn gebrauchen können, den hatte ich mit, sonst wäre er fort. Ich lege nun zwei Beutelchen bei, die kannst Du benutzen. Die Schachtel zeigt gerade gut 100 g, ein Beutelchen Mehl darin, dass sie zugeht, macht ein Pfund, ich habe es ausgewogen. Zucker ist schwerer, darf nicht so viel. Du bist unser Bester, hast doch schon viel für Deine Eltern gesagt, wir haben Dich ja auch so lieb, Junge, Vati wäre eingegangen, wenn wir Dich nicht wieder bekommen hätten, der ist richtig aufgelebt seitdem. Heute will ich schließen, denn ich will gleich zur Post.

Der Hut ist auch noch da mit der gr. Schnur, ich schicke ihn auch, muss bloß einen passenden Karton erst finden. Für heute viele innige Grüße und Küsse, Deine

Mutti

N.S.: In den nächsten Tagen schreibe ich ausführlich.

Nr. 11/12

Hennigsdorf, den 8.12.1945

Mein lieber Eberhard!

Gestern hatten wir wieder eine große Freude, ich konnte Deine beiden Päckchen 9 und 10 von der Post holen. Am Dienstag waren sie schon hier, da war ich doch aber in Berlin, fand als ich kam, die Karte vor. Bei uns ist die Post aber nur bis 16 Uhr auf, da konnte Vati nicht mehr hin. Es wird nämlich immer zwischen 16.30 Uhr und 17 Uhr das Licht[30] abgeschaltet, da wird alles um 16 Uhr geschlossen. Gestern war ich nun aber wieder mal sehr krank, bis heute Mittag war mir schlecht, jetzt geht es wieder, musste wieder viel brechen. Habe mich aber gestern doch aufgerafft und bin um 15 Uhr zur Post gegangen, die Freude war groß. Du kannst Dir gar nicht denken, wie Du uns damit hilfst. Habe mir heute Morgen eine Haferflocken-

---

[30] Da eine lückenlose Versorgung der Bevölkerung noch nicht möglich war, wurde der Strom abends immer mal wieder für Alle abgeschaltet.

suppe, natürlich mit Wasser, denn Milch haben wir seit April nicht bekommen, gekocht und ein bisschen Butter daran gemacht, hat ganz wunderbar geschmeckt, denn wir haben seit Kriegsende weder Grieß noch Haferflocken oder Nudeln bekommen, überhaupt keine Nährmittel. Aber mein Junge, nun sag mal, Du entziehst Dir die Butter, um sie uns zu schicken, das geht doch auch nicht, denn so viel ist es doch auch nicht, oder kannst Du mal was nebenbei bekommen?

Wir freuen uns, dass Nr. 3 mit dem Geld angekommen ist, hoffentlich sind die anderen Briefe auch alle schon dort, heute legen wir 20,- Mark ein. Wenn Du noch etwas im Augenblick brauchst zum Kaufen, vielleicht kann jemand aushelfen, wir schicken neue Woche einen Einschreibebrief mit 50,- Mark, es soll Dein Weihnachten sein. Was Du für uns ausgibst, senden wir Dir extra, vielleicht ist es dort doch nicht so teuer, etwas dazu haben müssen wir, sonst würden wir verhungern. Frau Focke hat uns Mehl mitgegeben, das hat uns eine Weile geholfen, aber nun ist es alle und immerzu möchte man auch nicht von ihr annehmen, denn Geld nimmt sie nicht und sonst kann man sich nicht erkenntlich zeigen, da wir gar kein Obst in diesem Jahre haben.

Ich war nun in Berlin bei Radung, es ist ein sehr nettes Lokal, schöner großer Raum anschließend an den Schankraum, direkt am Kreuzberg. Es war nur die Tochter da. Der Mann ist noch in Gefangenschaft, seit zehn Tagen hatten sie Nachricht, sind natürlich sehr froh. Es geht ihm gut, schreibt er, haben anständige Verpflegung und Behandlung und wenig Arbeit, hat nur natürlich Sorge um seine Angehörigen, denn in der Gegend hat es auch tüchtig hingehauen. Das Lokal ist erst seit vierzehn Tagen wieder geöffnet, ist alles neu gemacht, es war ganz entzwei. Vielleicht hat die Frau Heise inzwischen auch Nachricht erhalten, ich wünsche es ihr von Herzen. Gebe aber hier die Anschrift, dann kann sie ja dort hinschreiben: H. Radung, 16 Frankenberg (Eder), Stalag IX 6. (Schreufa), 4. Kompanie.

Deine Päckchen sind ganz tadellos angekommen, hast sehr gut verpackt. Gute Nacht, mein liebes Kind, es grüßt und küsst Dich innig Deine

Mutti und Vati

Nr. 13

Hennigsdorf, den 12.12.45

Mein lieber Junge!

Trotzdem ich heute den ganzen Tag gewaschen habe, sollst Du doch einen Brief erhalten, wir können Dir auch wieder Post bestätigen und zwar erhielten wir am 10. Deinen langen Brief Nr. 11 und gestern fand ich beim Nachhausekommen, ich war bei Frau Ulrich, die Benachrichtigung vor, dass wieder ein Päckchen abzuholen ist. Das habe ich nun heute geholt und danke Dir herzlich dafür. Es ist Nr. 12, es ist alles also angekommen. Ich freue mich sehr zu den Haferflocken, weil wir so etwas gar nicht bekommen. Ganz glücklich bin ich über den Süßstoff, denn weißt Du, die Suppen ohne Milch sind schon nicht sehr gehaltvoll und dann noch ungesüßt, da hat man keine große Freude dran.

Nun muss ich Dich aber berichtigen, denn für diese Päckchen mit hundert Tabletten fordern Sie hier 35,- Mark, was ich meinte, sind die kleinen Beutel bzw. Tütchen, wo bloß 1-2 g Kristallsüßstoff drin sind, und die kosten 10,- Mark. Natürlich sind die Packungen, wie Du sie geschickt hast, mir bedeutend lieber. Also wenn Du da noch was bekommst, nimmst Du es, ja? Ich komme auch viel schwerer zu solchen Sachen, weil wir doch so weit von Berlin fort sind und hier gibt es ja nichts und es ist auch auf dem schwarzen Markt sehr gefährlich, weil man leicht erwischt werden kann und da bin ich etwas ängstlich.

Ich wollte Dich auch mal fragen, ob Du vielleicht mal etwas Trockenmilch irgendwo kaufen oder bekommen kannst, dafür könntest Du ruhig etwas mehr ausgeben, denn daran hat man dann wenigstens etwas mehr Kraft. Und sag mal, wie steht es denn mit Kartoffeln, wäre es wohl möglich, dass Du irgendwo auf dem Lande ein oder zwei Zentner zum Frühjahr für uns reservieren kannst? Hoffe doch, dass die Grenzen mal aufgehoben werden, dann würden wir ja sofort kommen und dann könnte man die mitnehmen oder schicken. Wenn es Dir nicht möglich ist, hilft es natürlich nichts, dann findet sich vielleicht mal ein anderer Weg. Vielleicht kann ich dann mal was tauschen, haben müs-

sen wir noch welche, denn es ist ja unsere einzige Nahrung und da nimmt es sich schnell fort. Wir haben pro Kopf einen Zentner bekommen, die sollen bis Mai reichen, das tun sie aber nicht. Wenn ich nicht so schlapp gewesen wäre und auch mit dem Garten so viel Arbeit gehabt hätte, hätte ich mitbuddeln gehen müssen, dafür haben sie dann Kartoffeln bekommen.

Gestern bei Frau Ulrich haben wir uns vom Kränzchen getroffen, Tante Martha und Frau Horn. Frau Horn hat uns Mehl und Zucker besorgt, ich habe zwei Pfund Mehl für 90,- Mark und ein Pfund Zucker für 80,- Mark, zusammen 170,- Mark, ist natürlich ein bisschen viel, immer kann man solche Preise nicht zahlen, bloß weil Weihnachten ist, dass man wenigstens ein bisschen Backen kann. Nun will ich übermorgen noch versuchen, etwas Fett zu besorgen, das Pfund sollte 400,- Mark kosten, es ist alles ein Wahnsinn, aber wenn man nichts zu hat, kann man ja nicht bestehen.

Du kannst Dir nicht recht vorstellen, wieso wir so ausgeplündert sind. Ja Junge, ich habe das auch nicht für möglich gehalten und es sind auch nicht alle Wohnungen so, bei manchen fehlt gar nichts, aber wir haben eben Pech gehabt. Zum Garten sind wir mindestens 4-5 mal gefahren, aber da bekommt man doch nicht so viel fort, dazu war unser Besitz zu groß, wir mussten ja auch vor allen Dingen Lebensmittel, auch Töpfe, Geschirr, Betten, Kartoffeln, Holz, Kohlen und hunderterlei Dinge mitnehmen. Außerdem kamen sie auch immer noch in die Wohnungen plündern, die Ostarbeiterinnen *mit Soldaten, die gingen durch die Wohnungen und nahmen aus den Schränken, was ihnen gefiel. Da hatten wir, um dem zu entgehen, auch alle guten Sachen noch versteckt, hinter und unter Schränken, Badewanne, usw., und das mussten wir auch alles zusammen suchen. Ich dachte doch auch niemals, dass sie Sachen wie Gardinen, Teppiche, Betten, Schreibzeug, Spiegel, Standuhren oder Handuhren und solche Dinge nehmen würden. Die ganze schmutzige Wäsche haben sie mitgenommen und die Kiste im Keller, die Du dahinten eingegraben hattest und wo alle guten Sachen drin waren von Dir und neue Wäsche, haben sie doch auch rausgeholt. Na, ausführlich erzählen wir Dir alles, schreiben kann man so viel gar nicht, das gibt ein Buch, die Zeit die wir da durch gemacht haben. Aber unsere[31] sollen es ja eben so gemacht haben.*

Nun muss ich schließen, es ist schon 23 Uhr. Taschentücher erhältst Du in der nächsten Tagen, hoffentlich hast Du den Schal und das Hemd mit Einlage erhalten. Rauchst Du denn jetzt schon oder benutzt Du die Rauchwaren noch zum Tauschen? Viele innige Grüße und Küsse und nochmals Dir danken verbleibe ich immer in Liebe, Deine

Mutti

---

[31] Dies ist eines der in der damaligen Zeit noch eher seltenen Eingeständnisse für Kriegsverbrechen der Deutschen, denn für gewöhnlich waren die Taten der Wehrmachtssoldaten zwar bereits bekannt, wurden aber trotzdem totgeschwiegen, da man sonst hätte zugeben müssen, dass vermutlich auch die eigenen männlichen Angehörigen bei ihrem Vormarsch geplündert und vergewaltigt hatten.

Mein lieber Junge!

Heute vor sechs Jahren[32] bist Du aus dem Elternhaus gegangen um für Dein Vaterland zu kämpfen, es ist anders gekommen als wir es uns gedacht und erhofft hatten, aber Du bist uns ja geblieben, so wollen wir denn dem Schicksal dankbar sein. Schön wäre es ja, Du könntest wieder unter uns sein, aber wir sind auch schon so ganz zufrieden.

Bei uns wird jetzt hier tüchtig an Weihnachtssachen geschafft, ich habe bisher schon folgendes gemacht, für Ulfi einen Rollwagen mit Pferdchen, für Hanna eine Bratpfanne, für Tante Frieda einen Wäschetrockner, für Tante Käthe habe ich einen Ringständer in Arbeit, Tante Lisa bekommt auch eine Bratpfanne und für Mutti habe ich einen Nähkasten in Arbeit, ist aber auch bald fertig, den konnte ich nicht heimlich arbeiten, das Oberteil ist abnehmbar, auf dem Unterteil kann man dann noch Handarbeiten ablegen oder gleich als Sitzgelegenheit benutzen.

In Deinem vorletzten Brief schreibst Du von den Lehrbüchern, Band 1-3 habe ich noch, könnte ich Dir abtreten. Rechenschieber ist nur noch ein kleiner von der AEG da, ich habe auch noch meinen Kleinen für mich. Ich würde Dir aber empfeh-

---

[32] §8 des damaligen Wehrgesetzes besagt: *„(2) Die Wehrpflichtigen werden in der Regel in dem Kalenderjahr, in dem sie das 20. Lebensjahr vollenden, zur Erfüllung der aktiven Dienstpflicht einberufen. Freiwilliger Eintritt in die Wehrmacht ist schon früher möglich."*! Wir können also davon ausgehen, dass Eberhard beim Erhalt dieses Briefes um die 26 Jahre alt gewesen ist, eine genauere Angabe ist leider nicht möglich.

len, direkte Lehrbücher noch nicht zu kaufen, denn die meisten Schulen haben bestimmte Bücher, damit der Unterricht einheitlich ist, über die Bücher, die ich über Differenzial-Integral-Algebra, Statik usw. habe, schreibe ich aber nächstens mal mit. Reißbrett und Reißschienen sind ja hier vorhanden, nur solch kleine Bretter nicht, aber da ließen sich aus einer Latte, die ich noch habe, ein paar kleine Bretter machen, es braucht nur Nuten und Leisten herein. Kleine Winkel und ein größerer sind auch hier, Transporteur fehlt, ein Maßstab ist auch hier, aber schon ziemlich alt, werde mal sehen ob mir Schmidt einen Redigiermaßstab für Dich besorgen kann, da kannst Du gleich die kleinen Maßstäbe direkt darauf ablesen. Vorhängeschlösser sind vorhanden. Na und einen weißen Kittel würde Mutti schon zusammenschustern.

Wir sind nun gespannt, ob unsere Briefe alle angekommen sind und ob unser Sohn sich etwas gefreut hat, wir wussten ja, dass er uns gegenüber bescheiden ist. Lieber Junge, wir möchten Dir durch die kleine Unterstützung das Leben etwas angenehmer gestalten und dass Du etwas noch von Deiner Jugend hast. Was Du Dir kaufen kannst kaufe, hier gibt es nichts zu kaufen. Nun will ich schließen, es ist 23 Uhr und wir wollen schlafen gehen, Du schläfst gewiss schon. Es grüßt und küsst Dich, Dein

Vati

Skizze des Nähkastens

<u>Nr. 13</u>

Heiligensee, den 14.12.45

Lieber Eberhard!

Ich will heute nach Berlin fahren, sitze nun in der Elektrischen und will die Zeit benutzen, um Dir ein Kärtchen zu schreiben. Ich will auch zu Müllers, Berlin-Halensee, Nestorstr. 1, Onkel Hugo ist, wie uns Onkel Heinz schrieb, auf der Straße umgefallen, will ich mal sehen, ob es ihm schon wieder besser geht oder nicht. Es geht ihm mit den Augen jetzt sehr schlecht, er ist fast blind, das tut uns auch sehr leid. Ich weiß nicht, ob Du alle Adressen noch hast, darum schrieb ich sie oben. Gestern haben wir Brief Nr. 13 zur Post gegeben, wenigstens ich habe eine Frau gebeten, ihn einzustecken, hoffentlich hat sie es getan. Es war solch furchtbares Wetter und Glatteis, sie musste nach der Feldstraße, da war ich froh, dass ich an der Schule umkehren konnte. Heute Morgen wollte ich mit dem Zug (eine Lok, zwei Wagen), der von der Ecke Spandau abfährt, fahren, da sah ich ihn gerade noch im Wald verschwinden, er fährt jetzt schon 7.30 Uhr, statt um 7.40 Uhr, nun musste ich laufen, mit der Verbindung ist es zu schlecht. Alle anderen Strecken sind in Ordnung. Oranienburg, Bernau, Strausberg, nur unsere nicht und Tante Lisas, damit es recht umständlich ist. Nun sind wir schon in Tegel, für heute viele Grüße und Küsse, Deine

Mutti

Nr. 14

Hennigsdorf, 16.12.45

Mein lieber Junge!

Das Weihnachtsfest steht dicht vor der Tür und so möchte ich Dir meine herzlichsten Weihnachtsgrüße übersenden, verlebe die Feiertage recht angenehm, hoffentlich hast Du etwas netten Anschluss. Schön wäre es ja, Du könntest unter uns sein, aber wir sind ja schon so zufrieden, dass wir Dich gesund und in Sicherheit wissen, in Gedanken werden wir bei Dir sein, noch dazu, wo uns Braunschweig keine fremde Stadt ist. Im nächsten Jahr wird ja alles anders aussehen, wenn wir dann zusammen feiern können. Wir wollten erst gar keinen Weihnachtsbaum machen, ich habe aber heute einen Baum besorgt, er hat beinahe vor dem Hause gestanden, er kommt vom Sportplatz AEG. Ich habe gesagt, komm mit, da ist er mitgekommen!

Mutti hat uns heute etwas Gebäck gebacken da ist nun schon Weihnachtsstimmung eingekehrt, es wurden auch heute im Rundfunk schon Weihnachtslieder gespielt. Hoffentlich kehrt für die ganze Welt die Weihnachtsstimmung allgemein ein, Friede auf Erden und den Menschen ein Wohlgefallen. Wir werden wohl Heiligabend in die Kirche gehen, müssen aber wohl nach Neuendorf oder zum Friedhof, denn die Kirche ist ja kaputt. Wenn Du einmal in die Kirche gehst, besuche den Dom, ist eine ganz alte Kirche. Die St. Magni[33], in der ich konfirmiert wurde, ist die älteste, steht aber ja nicht mehr. Wirst Du denn an den Feiertagen nach Peine fahren? Wir wollten zu Silvester nach Dessau fahren, aber Tante Käthe und Onkel Hans wollen in der ganzen Zeit zwischen Weihnachten und Neujahr in Dessau bleiben, da können wir nicht auch noch hin. Mutti wird nun sehen, ob sie in der Woche vor Weihnachten noch einmal hingehen kann, erstes die Weihnachtssachen hinbringen und vielleicht noch etwas Mehl holen oder wenigstens ein Brot. Mit meinen Weihnachtsarbeiten bin ich ziemlich fertig, nur den Nähkasten für Mutti noch abschmirgeln und beizen.

---

[33] Die Kirche St. Magni war bei einem Bombenangriff am 23. April 1944 fast vollständig zerstört worden, der Wiederaufbau begann erst 1956.

Am Freitag haben wir von der AEG die erste reparierte Lokomotive geliefert, es geht also wieder aufwärts, den Plan für eine Werkstatt habe ich auch fertig und ist von der Direktion genehmigt. Ich hoffe auch wieder ein Büro zu bekommen, man muss noch abwarten.

Nun will ich für heute schließen, Dir nochmals ein recht frohes Weihnachtsfest wünschen und alles Gute, mit den herzlichsten Grüßen und Küssen, Dein

Vati

Nr. 14

H., d. 16.12.45

Mein geliebter Junge!

Leider verbieten die Verhältnisse dieses Jahr unser Beisammensein am Weihnachtsfest, aber glücklich können wir sein und sind es, dass wir voneinander wissen, dass wir gesund sind und uns gewiss in absehbarer Zeit auch sehen und sprechen werden. Wir wollen uns daher bescheiden geben, sind wir doch bevorzugt vor Millionen anderer Menschen. Wir wünschen Dir recht angenehme frohe Feiertage, hoffentlich kannst Du sie in angenehmer Gesellschaft verbringen, damit Du Dein Elternhaus nicht allzu schmerzlich vermisst. In Gedanken sind wir beieinander und dies bisschen Gebäck soll Dir den Duft und die Gedanken, die wir zu Dir schicken, nahe bringen. Hoffentlich hast Du unser letz-

tes Päckchen mit dem Hemd und dem Geld ebenso erhalten, wie alles andere, was wir vorher abgesandt haben. Von Dir ist gestern Nr. 13 gekommen, wenn Du inzwischen Post erhalten hast, dann wirst Du gewiss wieder froher sein, denn wir glauben doch, dass es im Augenblick noch besser ist, wenn Du dort bist. Es muss sich ja auch wieder einmal ändern und die Zeiten wieder normal werden. Die Makronen konnte ich backen, weil Du die Haferflocken geschickt hast. Lasse Dir alles gut schmecken. Die Kekse sind ein wenig hart geworden, weil ich kein Backpulver habe musste ich Pottasche nehmen, das ist nicht das Richtige. Ich wünsche Dir nun nochmals ein recht gesundes und fröhliches Fest und bin mit innigen Grüßen und Küssen immer Deine

Mutti

<u>Nr. 15</u>

H., d. 19.12.45

Mein lieber Junge!

Wenn Du dieses Päckchen erhältst, dann sind die Weihnachtstage ja schon vorüber, hoffentlich hast Du sie recht fröhlich und nett verleben können, wir werden Dich ja auch sehr vermissen, aber wir wissen Dich doch gesund, wenn es nur so bleibt, dann sind wir schon zufrieden. Die ganzen allgemeinen Verhältnisse werden sich ja auch im Frühjahr klären, dann kann man weiter sehen. Ich schicke Dir nun heute endlich die Taschentücher, werde das nächste Mal noch ein paar einlegen und einen Apfel, damit Du etwas vom Garten hast. Wir haben jeder einen, mehr hat der Garten nicht hergegeben, ein paar sind uns vorher angefault. Unser Weihnachtspäckchen haben wir nicht nummeriert, es ist dann Nr. 14. Post haben wir nach Nr. 13 noch nicht erhalten, bis dahin aber alles der Reihe nach. Morgen früh will ich auch einen Tag nach Dessau.

Ich wünsche Dir gleichzeitig ein recht fröhliches neues Jahr und alles, alles Gute. Es grüßt und küsst Dich viele tausend Mal

Mutti und Vati

Hennigsdorf, den 21.12.45

Mein lieber Junge!

Noch schnell ein paar Zeilen, soeben war Fräulein Steinberg hier und brachte die beiden Päckchen von Dir, an der Grenze sind sie geöffnet worden.

Gleichzeitig erhielten wir heute Deinen lieben Brief Nr. 17, ferner liegen hier auf der Post drei Einschreibesendungen, ich konnte sie leider nicht mehr holen, da die Post um 16 Uhr schließt und ich erst um 17.30 Uhr zu Hause war. Fräulein Steinberg hatte auch nicht viel Zeit, wird am Sonntag, wenn Mutti von Dessau zurück ist, noch mal wiederkommen und berichten. Sie sagte nur, Du wärst gut genährt. Na, wir werden ja Sonntag hören. Nun kann ich Dir noch mitteilen, dass ich verschiedenes

———

für die Schule besorgt habe. Ein reduzierter Maß-stab; einen Transporteur, einen Stichzirkel, zwei kleine Winkel sind noch hier, zwei große bekomme ich noch, dies kannst Du noch als Weihnachtsge-schenk ansehen. Dein kleines Reißzeug ist noch da, das benutze ich zur Zeit. Herr Schmidt (Vater Ilse) wird sehen, wenn er noch ein Reißzeug erwischt bekomme ich und Krawatten, wird die Mutti noch schicken. Mutti kommt morgen erst von Dessau wieder. Hoffentlich hast Du unsere Post alles be-kommen inzwischen. Nun will ich Dir eben noch die Bücher mitteilen, die ich besitze und für Dich eventuell brauchbar sind:
- Die graphische Statik
- Schule der Mathematik zum Selbstunterricht
- Differenzial- und Integralrechnung
- Bardeys Aufgabensammlung für Arithmetik, Al-gebra und Analysis

Ein kleiner Rechenschieber ist noch hier, vielleicht bekomme ich aber bis dahin noch einen anderen. Was Du von den Büchern haben möchtest musst Du schreiben, irgendwie werden wir ja doch auch wohl mal nach dort kommen. Ich möchte nur uns jetzt nicht schon Urlaub geben lassen, um bei etwaigen neuen Lasten hier zu sein.

Ich habe heute bereits um 7 Uhr angefangen zu arbeiten und bis 17 Uhr gearbeitet, morgen wer-de ich auch um 7 Uhr anfangen und dafür um 13 Uhr aufhören, wir müssen morgen sonst bis 16 Uhr arbeiten, ich möchte aber Mutti von Wannsee abho-len und bekomme meinen Plan dadurch morgen Vormittag noch fertig und habe damit der Direktion auch einen Gefallen getan. Mutti wird sich über Deine Päckchen ja riesig freuen, wenn Sie morgen kommt. Meine Weihnachtsarbeiten habe ich fertig, heute habe ich die letzten Arbeiten daran gemacht.

Sonst wüsste ich für heute nichts Neues, am Sonntag mehr, ich muss noch abwaschen und etwas aufräumen. Mit vielen herzlichen Grüßen und Küssen und vielem herzlichen Dank, Dein

Vati

Nummer 16/17/18

H., den 23.12.45

Mein lieber Junge!

Bin gestern Mittag schon aus Dessau zurück gewesen und fand zu meiner großen Überraschung das Paket durch Fräulein Steinberg, hat sehr ordentlich schleppen müssen für uns, ich werde ihr Weihnachten einen kleinen Gruß rüberbringen, damit sie es nicht umsonst gemacht hat. Dann hat Vati heute Deine drei Päckchen vom 15. des Monats geholt (18-20). In 19 lag ein Zettel bei, ich nehme an, dass es 19 sein soll. Junge, wie wir uns gefreut haben, kann ich Dir gar nicht sagen, hab vielen Dank. Dein lieber Brief Nr. 17 war auch hier und ich sende Dir gleich eine Krawatte (ich habe sie gerade aus Dessau geholt) und ein Taschenmesser, weiter haben wir keine mehr, und eine Zahnbürste, die kannst Du aber noch tüchtig auswaschen, die hatten wir benutzt, jetzt darf ich es

nicht, wenn ich sie feucht einpacke, schimmelt sie.
Neues gibt es vorläufig noch nicht. Gestern hat Dir
Vati einen Brief ohne Nummer geschrieben. Heute
in Eile, viele liebe Grüße und Küsse, Deine

Eltern

N.S.: Hanni und Gitta sagten, Du hättest noch gar
nicht geschrieben, hattest Du nicht gratuliert zum
2.12. zu ihren Geburtstagen? Dann schreib man ab
und zu mal nach D., sie sind immer sehr nett zu
uns. Ich weiß ja, dass Du auch nicht viel Zeit hast,
dann müssen wir einmal zurückstehen. Ist denn nun
bei Euch wirklich Zugsperre, kannst Du nicht nach
Peine?

Hennigsdorf, 25.12.45

Mein lieber Junge!

Der Heiligabend und der erste Feiertag sind vorüber, es waren zwei ruhige besinnliche Tage, wir
haben das Abendessen hinter uns, unser Licht ist
ausgegangen, so sitzen wir bei der Petroleumlampe,
nebenan spielt Erika Weihnachtslieder, Mutti näht
an ein paar Fausthandschuhen für Tante Lisa und
ich will Dir die beiden Tage schildern, wie wir sie
verlebt haben. Wir sind am Heiligabend um 6 Uhr
in der Kirche (Friedhofskapelle) gewesen zur An-
dacht, als wir dann nach Hause kamen habe ich die
Lichter (Mutti hatte von der Fahrt nach Dessau
Paraffin mitgebracht, da haben wir den Sonntag

noch Licht gemacht) angezündet und uns gegenseitig beschert. Tante Lisa ist nicht gekommen, wir wissen nicht was mit ihr ist, ist heute auch nicht gekommen.

Mutti hat mir ein paar Fausthandschuhe, eine Flasche Rasierwasser, den Nagelhautentferner, Nagelblank und zehn Zigaretten geschenkt. Von Dessau habe ich noch eine Pfeife, zwei Zigarillos und dieses Briefpapier bekommen. Ich will es verwenden wenn ich Dir einen Brief schreibe. Nach der Bescherung haben wir dann Abendbrot gegessen, ganz groß, dank unseres Jungen gab es Butter auf dem Brot und Fleisch. Da wir ein Kaninchen geschlachtet haben, konnten wir mal üppig sein. Um 9 Uhr kamen dann Rehfelds mit ihrem Besuch, aus Landsberg, zu uns, da haben wir dann noch erzählt und als Rehfelds um 11 Uhr gingen hat Mutti für uns noch Kaffee gekocht und wir haben noch Kuchen gegessen, es war wohl 12.30 Uhr, als wir ins Bett gingen.

Nun kann ich Dir noch drei Päckchen Nr. 14, 15, 16 bestätigen, die anderen drei hatte die Mutti (Nr. 18, 19 und 20) schon bestätigt. Nimm unseren herzlichen Dank hin, Du glaubst nicht, was wir für eine Freude hatten, kam doch alles am Heiligabend an. Die Zigarillos von Dir sind wunderbar, die von Dessau dagegen taugen gar nichts. Heute Morgen sind wir um 8 Uhr aufgestanden, na da wirst Du ja noch in den Federn gelegen haben. Um 11 Uhr bin ich dann mit dem Besuch von Rehfelds zu Herrn Römer gegangen, der hat jetzt ein Radiogeschäft, der Hans wollte einen Detektorapparat[34] haben, hat er auch bekommen. Ach so, vorher war ich noch zur Post und hab zwei Kuchenpakete für unseren Jungen hingebracht, hoffentlich erhältst Du sie recht bald. Dann haben wir zu Mittag gegessen, es gab Kaninchenbraten und geschmorte Birnen. Dann kam eine Flüchtlingsfrau die bei Rehfelds wohnt mit einem kleinen Mädchen von zwei Jahren herum, der haben wir noch das Wackelhündchen, was wir vor zwei Tagen gebastelt haben und immer noch hier lag, geschenkt, hat sich sehr gefreut. Dann war Kaffeezeit, da gab es Mohnkuchen und Streuselkuchen, ich habe dann noch an einer Tasche für Tante Lisa gearbeitet, bin ich nicht mehr ganz mit fertig geworden, da es mir zu spät einfiel, ich muss noch die Handgriffe aus Sperrholz machen, so ist auch der Nachmittag vergangen und dann haben wir drei Partien Halma gespielt und anschließend zu Abend gegessen, auch ganz groß, selbst gemachte Wurst vom Kaninchen und Schabefleisch. So, und nun ist es 9.30 Uhr und die Federn kratzen, es wird nun bald Zeit, dass wir den geruhsamen Tag beenden. Mein lieber Eberhard, hätte nur noch eine Bitte, der Gärtner Klein in Braunschweig hat mir eine Rechnung für die Grabpflege über 8,80 Mark geschickt, gehe doch bitte hin und bezahle dieselbe, von hier kann man ja

---

[34] Ein Detektorapparat ist ein Radiowellen-Empfänger aus den Anfängen des Rundfunks, besonders gut geeignet für lokale Radiosender. Nach dem Ende des Zweiten Weltkriegs erfreute sich diese Konstruktion, üblicherweise mit Kopfhörern, aufgrund der besonders einfachen und materialsparenden Bauweise, noch einmal großer Beliebtheit.

offiziell noch kein Geld schicken, da kannst Du ja dann auch die genaue Nummer erfahren, es ist Abteilung 42, II. Klasse.

Nun wünsche ich Dir noch zum neuen Jahr alles Gute und alle unsere Wünsche für das kommende Jahr begleiten Dich, mögest Du im Beruf recht viel Glück haben, aber vor allen Dingen gesund bleiben und weiterhin wie bisher an Deinen Eltern sehr hängen. Zum Jahreswechsel mit den herzlichsten Grüßen und Küssen, Dein

Vater

Nr. 19

Henningsdorf, d. 25.12.1945

Mein lieber, lieber Junge!

Wir sitzen beide, Vati und ich, bei der Petroleumlampe, denn das Licht ist abgeschaltet und wollen mit Dir plaudern. Heiligabend und der erste Feiertag ist vorüber, still und friedlich für uns, in Gedanken bei Dir sind wir glücklich und bevorzugt vor Millionen Menschen, dass wir alle gesund sind und in einer warmen Wohnung sitzen und uns satt essen können.

Leider ist Tante Lisa nicht gekommen und hat auch nichts von sich hören lassen, so dass ich mir um sie etwas Sorgen mache, denn das hat sie ja noch nie getan, so ohne alle Erklärung fernzubleiben. Ich hoffe ja aber, dass es eine harmlose Erklärung findet und sie nicht etwa krank ist. Wir sind gestern Abend in der Kirche gewesen, der Gottesdienst findet jetzt in der Waldkapelle auf dem Friedhofe statt, da die Kirche doch zerschossen ist und noch nicht gemacht werden konnte. Wir sind mit dankbaren Herzen gegangen und wir hoffen, dass wir auch fernerhin gesund bleiben und im nächsten Jahr wieder gemeinsam ein glückliches Fest begehen können. Wo bist Du denn gewesen und wie hast Du die Tage verlebt, na Du wirst uns ja alles näher mitteilen.

Nun möchte ich Dir vor allem auch für Deine Päckchen danken, Du machst uns eine große Freude damit und es ist auch eine große Hilfe für uns. Ich komme mir jetzt so reich vor, ich bin doch, wie Dir Vati schon geschrieben hatte, am Donnerstag nach Dessau gefahren, da konnte ich Mehl und Brot mitbringen, außerdem wohl 30-40 Pfund Kartoffeln und Hühnerfutter.

Meine Reise, eine Sache für sich, da war alles dran. Ich bin ja am Donnerstag um ¾ 7 Uhr fortgegangen, Vati brachte mich bis zur Fähre, um ½ 8 Uhr bin ich von Heiligensee abgefahren, bis Gesundbrunnen, von dort mit der U-Bahn bis Alexanderplatz und von dort mit der S-Bahn mit drei Mal umsteigen bis Wannsee, dort kam ich aber erst kurz vor 11 Uhr an, natürlich wartete wie üblich eine Menschenmauer. Der Zug kommt von Belzig voll an und endet in Wannsee, dann steigen die Leute aus, die anderen drängen schon hinein, es ist lebensgefährlich. Der Zug fuhr sehr weit in den Bahnhof ein, so dass er an mir vorbei fuhr, dann springen wir schnell hinunter über die Schienen und versuchen von der anderen Seite einzusteigen, was mir auch mit viel Mühe gelang. In Belzig müssen wir auf den Dessauer Zug warten, um ½ 4 Uhr, der natürlich mit einer halben Stunde Verspätung kam und wurde, da der erste Zug von Belzig nach Dessau ausgefallen war, der erste Zug von Berlin um ¼ 8 Uhr aber gefahren war, wieder schrecklich voll, dass auf den folgenden Stationen viele Menschen zurückbleiben mussten, ich war dann um 8 Uhr in Dessau.

Es waren natürlich alle sehr überrascht, wie ich da plötzlich auftauchte. Ich hatte gleich die Weihnachtsgeschenke mitgenommen. Vater hatte für Ulfi einen schönen Rollwagen mit Pferdchen, für Hanna eine Bratpfanne und für Tante Frieda einen Wäschetrockner gemacht, ich hatte noch ja ein paar Söckchen gestrickt. Für Fockes hatten wir auch eine Bratpfanne, zwei neue Handtücher und eine kleine Glasschale mit Birnen, sie sind auch immer so sehr großzügig, wenigstens Frau Focke, dass ich mich mal revanchieren musste. Sie haben auch viel Wäsche verloren, wenn auch meine Handtücher fast alle fort sind, habe ich doch noch zwei neue geopfert. Wenn Du mal irgendwas an Wäsche bekommst, zu einigermaßen normalen Preisen, dann kaufe ruhig, besonders Laken, auch Bettwäsche oder Leibwäsche für Euch und mich, das Geld bekommst Du gleich.

Also am Freitagvormittag ging ich dann zu Focke guten Tag sagen, Tante Frieda war schon seit 8 Uhr da, denn es war sehr viel zu tun. Ich hätte mich auch gleich nützlich gemacht, da sagte

Frau Focke, dass Gelegenheit ist, einen Koffer mit Kartoffeln und Hühnerfutter mit einem Laster nach Berlin mitzunehmen. Der Herr, der damit fuhr, wohnt bei Tante Frieda auf dem Flur und fuhr zu seiner Familie, wir machten schnell den Koffer fertig und brachten ihn zum Schlachthof, dort hat Siemens seine Büros und von dort sollte es abgehen. Der Herr schlug mir vor, mich schnell fertig zu machen und die Gelegenheit wahrzunehmen und mitzufahren, da der Wagen noch nicht da war. Ich überlegte es dann kurz bei Fockes und dann ging's im Galopp zur Wohnung, so wurde alles schnell eingepackt und ich nahm auch gleich unseren Koffer, der noch übrig geblieben war, mit. Dein Jackett zog ich an, bei Fockes wurde noch dazu gepackt, was ich bekam und dann brachte mich Hanni mit dem Handwagen hin. Der Wagen war aber noch nicht da, es war ½ 1 Uhr. Er kam erst um ½ 4 Uhr und um ½ 5 Uhr ging er fort, es war ein niedriger Kastenwagen (Anhänger), der 10 t Paraffintafeln geladen hatte, da haben wir offen obenauf gelegen. Das Gepäck war noch ein bisschen aufgestapelt, aber viel Schutz war nicht, es war verflixt kalt. Zwei Herren standen auf dem Trecker auf den Werkzeugkästen, da zog es auch. Wir mussten über Wittenberg der Brücken wegen, kurz vor Grunewald hatten wir eine Reifenpanne und waren dann endlich um ½ 11 Uhr in Siemensstadt. Dort konnten wir übernachten, habe mit einem jungen Mädchen zusammen geschlafen, morgens um ½ 9 Uhr sind wir abgefahren und um 11 Uhr rief ich Vati von Tor 1 an, der war platt, dass ich schon zurück

---

war, er wollte mich abends abholen. Er brachte mich dann nach Hause, denn der Rucksack und mein Handgepäck war schwer, die beiden großen Koffer haben wir dann um 4 Uhr aus Berlin geholt, die waren in Charlottenburg (Nähe Jungfernheide) abgestellt, wir hatten dann den kleinen Wagen mit (von Vati gebaut). Wie ich dann schlafen ging, war ich aber k.o., war aber doch froh, dass ich es so gemacht hatte, denn wer weiß, wie es auf der Bahn gegangen wäre.

Als ich nun zu Haus ankam, hatte ich die große Freude, die Pakete, die durch Fräulein Steinberg, vorzufinden. Sie waren an der Grenze geöffnet. Es war drin: Mehl, Grütze, Trockengemüse, Gries, Vanillezucker, Zucker, Haferflocken, Suppenwürfel. Die Helga meinte, es käme ihr so vor, als wenn was fehle, aber wohl nicht? Bei der Rückfahrt ist es ihr fast übel ergangen, sie ist von den Russen festgehalten worden[35], sie waren nett zu ihr, und wollten ihr gut zu essen geben, durch einen Offizier ist sie dann aber wieder zu den anderen gekommen, sie hatte natürlich große Angst und gewiss nicht unberechtigt, es ist nur gut, dass es noch wieder gut gegangen ist. Du hast ihr ja ganz gut zum Tragen mitgegeben, trotzdem es für uns natürlich herrlich war. Ja, es ist schade, dass man nicht etwas mehr schicken kann, aber auch in unserer Zone geht keine Paketpost, nur die 500 g, wir

---

[35] Die Russen, die noch immer den Sieg genossen, sonderten an Bahnhöfen und auch auf Straßen immer wieder Frauen aus, die ihnen gefielen. Diese wurden dann zu Festen „eingeladen", bei denen es dann im späteren Verlauf oft zu Vergewaltigungen kam.

sind aber sehr froh, wenn solche Päckchen von Dir kommen. Sag mal, ist denn das Deine Butterration, entziehst Du sie Dir, um sie uns zu schicken, das geht doch auch nicht. Wenn Du Nährmittel und Mehl, etc. bekommst, nimm nur, was es gibt, vielleicht lässt es sich doch noch machen, dass wir kommen und dann können wir mehr mitnehmen und die Päckchen helfen uns auch weiter, die Hauptsache ist ja, wir überstehen den Winter und das Frühjahr, dann wird es schon besser werden.

Lieber Junge, wir haben für Dich zu Weihnachten ein Oberhemd und einen rotweißgestreiften Nachtanzug, sollen wir Dir davon etwas schicken oder soll es hier bleiben? Dein brauner Anzug ist nun auch hier, die Knickerbockerhose ist allerdings aus der Kellerkiste fort, nur die lange Hose war in Dessau.

Nun will ich Dir erzählen, wie fleißig der Weihnachtsmann für mich war. Erst Dein Päckchen für mich, was mir ganz besonders Freude gemacht hat, habe ich von Vati den Nähwagen, einen Wäschetrockner, eine Butterdose aus Bakelit und eine Büchse Kram bekommen. Von Dessau eine Eichholztasche zusammenlegbar, wie ein großes Portemonnaie, eine Kartentasche, eine Flasche flüssiger Seife und eine Flasche Kölnischwasser, ein Teller mit Gebäck.

Jetzt muss ich aber Schluss machen, Vati schaut schon des Öfteren auf die Uhr, es ist gleich 12 Uhr. Das Licht und Radio ist schon seit ½ 11 Uhr wieder an. Aber man möchte Dir doch alles genau erzählen, Du bist auch gewiss nicht böse.

Für das neue Jahr wünsche ich Dir von Herzen alles Gute, dass wir alle gesund bleiben und wir an Dir immer unsere Freude haben, wie wir es bisher hatten. Leb wohl, mein Kind, innige Grüße und Küsse in Liebe, Deine

Mutti

Nr. 20

Hennigsdorf, d. 27.12.45

Lieber Eberhard!

Will Dir heute nur schnell eine freudige Nachricht mitteilen, eben sind Tante Martha und Onkel Ernst fortgegangen, denke nur, sie haben am ersten Feiertag Nachricht von Günter, er ist in russischer Gefangenschaft und es geht ihm gut. Du kannst Dir die Freude vorstellen und wir freuen uns mit. Tante Lisa hat heute auch geschrieben, die Karte war so lange unterwegs, sollte schon zum Fest hier sein, es ist gottlob alles in Ordnung. Aber die Tante Martha aus Weißensee, die Schwester von Hilde Zellien, ist am 25.11. gestorben, sie war nur zwei Tage im Krankenhaus.

Nun wünschen wir Dir nochmals ein recht glückliches, gesundes neues Jahr und sind mit vielen Grüßen und Küssen Deine

Eltern

Hennigsdorf, d. 29.12.45

Mein lieber Eberhard!

Heute kann ich Dir nun wieder Post bestätigen, und zwar danken wir Dir für Deinen lieben Brief Nr. 21 vom 17.

Wie Du nun inzwischen aus unserer Post ersehen haben wirst, haben wir alles laufend richtig erhalten, bis zu Nr. 21, also auch Deine ganzen Päckchen sind angekommen. Nur in dem Paket, was Fräulein Steinberg mitgebracht hat, fehlte, wie Du an unserer Bestätigung auch schon festgestellt haben wirst, die Büchse Fleisch, das ist doch eine große Gemeinheit, das haben sie dann bei der Kontrolle rausgenommen. Das Fräulein Steinberg sagte schon, es kam ihr so vor, als wenn was fehlte. Das Übrige ist ja wohl alles drin gewesen, von Frau Heise war doch der Kaffeeersatz, nicht wahr, der war drin und das Trockengemüse auch. Sage bitte noch recht herzlichen Dank für alles. Ist nur gut, dass Du die Büchse mit dem Schweinefleisch nicht mitgegeben hast, das wäre noch ärgerlicher gewesen, trotzdem mir das schon leid genug tut, gerade weil wir so wenig Fleisch bekommen.

Weihnachten haben wir ja nun allerdings gut überlebt, Vati hatte unser Kaninchen geschlachtet, aus Dessau hatten wir Brot und Mehl, von Dir die ganzen Päckchen, da haben wir uns so richtig rundherum satt gegessen. Unseren Kuchen und die anderen Päckchen hast Du hoffentlich inzwischen auch alle erhalten.

Nr. 14 - mit Gebäck und 10,- Mark
Nr. 15 - Gebäck, ein Apfel, vier Taschentücher.
Nr. 16 - Zahnbürste, Taschenmesser, Krawatte und in den kleinen Zigarettenschachteln Keks, der zerbröckelt sonst so leicht. Habe mit Deinen Haferflocken und Zucker backen können.
Nr. 17 - Mohnkuchen.
Nr. 18 - Mohnkuchen.

Damit Du weißt, ob es stimmt. Nr. 10, welcher anscheinend verloren gegangen ist, war ein Brief von Vati und mir. Von den vereinigten Bauschulen der Stadt Berlin für Hoch- und Tiefbau, zur Zeit Berlin-Neukölln, Leinestraße 37-45, bekamen wir Nachricht, leider lag das Merkblatt über die Aufnahmeprüfung nicht bei. Ich habe heute nochmals geschrieben und gebeten, es Dir gleich zuzusenden, ich denke, dass Du es in vierzehn Tagen bekommst.

Das nächste Seminar beginnt 15. März 1946, Schulgeld pro Semester 80,- Mark. Vor Aufnahme in die Schule findet eine Aufnahmeprüfung statt. Bei Nichtbestehen der Prüfung können die fehlenden Kenntnisse durch den Besuch des Vorsemesters ergänzt werden.

Die Bauschule kann besuchen wer erstens das 17. Lebensjahr erreicht hat und zweitens eine handwerkliche praktische Tätigkeit in einem Bauhaupt- oder Nebengewerbe von zwei Jahren nachweisen kann. Das wäre alles, was sie geschrieben haben. Deine Lehrzeit ist vom 1. April 1938 bis 30. November 1940 gewesen, laut Prüfungszeugnis. Wenn sich hier alles wieder beruhigt

---

hätte und die Verpflegung besser würde, wäre es natürlich schöner und angenehmer Du würdest hier zur Schule gehen, aber solange unsere Brücke nicht in Ordnung ist, müsstest Du immer bis Heiligensee laufen, was ja auch nicht gerade sehr angenehm wäre. Ich denke auch, Du kannst Dich anmelden, nachher abmelden geht ja immer noch, Nienburg und Höxter werden Dir ja inzwischen auch geschrieben haben, in Höxter ist Onkel Ernst auf Schule gegangen. Hoffentlich bekommt die Frau Heise auch bald Nachricht, hat sie denn an den Herrn Radung geschrieben, vielleicht weiß der etwas Näheres.

Nun, mein lieber Junge, will ich schließen, komme recht gut ins neue Jahr, wir werden in Gedanken bei Dir sein und auf Dein Wohl unseren Tee schlürfen, denn etwas anderes haben wir nicht. Berlin hat Schnaps bekommen, unser Elendsnest noch nicht mal die Nährmittel, Marmelade, Fett, Fleisch und Zucker, was uns bis jetzt zusteht. Na, vielleicht wird es mal wieder besser und man kann kaufen was man braucht, wenn es auch in beschränktem Umfange wäre.

Viele liebe Grüße und Küsse im alten Jahre, Deine

Mutti

Mein lieber Junge!

Da Mutti auf meinem guten Papier schreibt, muss ich dieses hier nehmen, kaum habe ich es zu Weihnachten bekommen, da muss ich es auch schon nehmen, weil ich gesagt habe, das wird nur für meinen Jungen genommen, da denkt sie, sie kann es auch für ihren Jungen nehmen, jaja, man hat schon seinen Ärger. Nun danke ich Dir noch für Deinen Weihnachtsgruß (Nr. 19), die für mich bestimmten Zigarillos und der Tabak sind verpafft, hat aber restlos gut geschmeckt. Wie wir aus Deinem lieben Brief ersehen haben, ist an der Grenze doch das Fleisch geklaut worden, ist ja gemein, nicht dass wir es nicht bekommen haben, aber Du hast es Dir doch bestimmt abgespart und die Frau Heise hat sich noch solche Mühe damit gemacht.

Fräulein Steinberg wollte immer noch mal herüber kommen, hat sich aber bisher nicht sehen lassen. Hoffentlich werden die Grenzen bald aufgehoben, ich suche schon immer nach einer Gelegenheit um in die dortige Gegend zu kommen, aber bisher bestand noch keine Möglichkeit.

Was sagst Du denn nun, dass Günter wieder aufgetaucht ist, ist doch gewiss schön, nun schreib ihnen man auch mal dazu einige nette Zeilen.

Neues wüsste ich sonst nicht für heute, es grüßt und küsst Dich vielmals, Dein

Vati

N.S.: Mutti ist rückständig im Kalender, sie hat den letzten Brief auch am 30. geschrieben. Prost Neujahr!

Hennigsdorf, 1.1.46 (0.15 Uhr)

Mein lieber Junge!

Das neue Jahr hat seinen Einzug gehalten. Wir sitzen mit Herrn und Frau Rehfeld und haben ein Glas Tee in Ermangelung etwas anderem getrunken und Deiner gedacht. Deine Gedanken werden ja um diese Zeit auch hier weilen. Nun wünsche ich Dir nochmals alles Gute und ein gutes Fortkommen im Beruf und die besten Wünsche für Gesundheit und unserem lieben Vaterland einen recht schnellen Aufstieg und bessere Zeiten. Mit vielen herzlichen Grüßen und Küssen Dein Vati

Lieber Eberhard!

Das neue Jahr ist angelaufen, wir wünschen Dir und uns ein recht gesundes und besseres Jahr als das alte, wenn wir auch durch Dich für alles entschädigt sind. So wollen wir hoffen, dass wir im nächsten Jahre wieder alle zusammen fröhlich und glücklich die Festtage verleben können. Viele Grüße und Küsse und ein Prosit Neujahr sendet Dir Deine Mutti

Lieber Eberhard!

Ein gutes und gesundes neues Jahr verbunden mit herzlichen Grüßen und hoffen, dass wir uns im neuen Jahr bald sehen werden. Das alte Jahr hat uns viel Kummer bereitet. Hoffentlich bringt uns das neue Jahr viel Gutes. Die Nacht zum 29. Dezember haben uns die Geier das ganze Viehzeug gestohlen, sind wir um unseren schönen Braten gekommen. Hoffentlich bleibt dem Dieb das Essen im Halse stecken. Nochmals die herzlichsten Grüße von Familie Rehfeld

Nr. 22

Hennigsd., 4.1.46

Lieber Eberhard!

Post können wir Dir noch nicht wieder bestätigen, Dein letzter Brief war Nr. 21, damit aber nicht wieder eine große Lücke entsteht, sollst Du heute einen Brief bekommen. Am Neujahrsmorgen haben wir ja nur kurz geschrieben, damit Du siehst, dass wir an Dich gedacht haben, aber ich glaube, Du hättest es uns auch so geglaubt. Wir waren nun am Neujahrstag bei Tante Emmi und Onkel Hugo, haben sich beide recht gefreut. Ich hatte Tante noch eine Tasche gemacht, es war ein ganz gemütlicher Tag, leider muss man immer wieder so früh fort.

Die Unsicherheit ist doch noch zu groß, Überfälle in den Zügen sind keine Seltenheit. Wir waren um ¼ 8 Uhr wieder zu Hause. Vorgestern ist Tante Lisa gekommen und heute Morgen wieder gefahren, kommt am 9. an Mutters Geburtstag wieder. Wir sind ja nun gespannt, wie Du das Weihnachtsfest verlebt hast und erwarten schon mit Sehnsucht Post von Dir, hatte heute bestimmt damit gerechnet, da sonst freitags immer bisher Post gekommen ist. Wo bist Du denn jetzt beschäftigt? Du schreibst doch dass die Arbeiten in der Kuhstraße beendigt sind, hoffentlich hast Du wieder Innenbeschäftigung, obwohl es ja hier zur Zeit milde Witterung ist. Bei uns im Büro sind die Fenster auch alle undicht, es zieht wie Hechtsuppe. Wie ich heute hörte, soll ich in Kürze ein neues Fabrikationsbüro einrichten, damit wäre ich dann wieder da, wo ich am 22.4. aufgehört habe. Möge unser Vaterland auch recht schnell wieder aufsteigen.

Wir bauen jetzt fest in der Werkstatt Maschinen auf, in der Kesselschmiede regt sich der Betrieb auch schon wieder, der erste Kessel ist in Reparatur, hoffentlich werden wir bei der Fabrikation nicht wieder gestört. Trotz allem Unglück habe ich doch noch ein ziemliches Glück gehabt, hoffentlich bleibt es so. Nun will ich für heute schließen, will Mutti noch etwas Platz lassen. Es grüßt und küsst Dich vielmals Dein Vati

Mein lieber Junge!

Nun sind wir schon vier Tage im neuen Jahre, wie wird es im Sommer aussehen, ob dann die Zeiten schon besser sind, dass man wenigstens kaufen

kann, was man zum Leben braucht und ob wir dann schon ein einheitliches Reich wieder haben, dass man fahren kann, wohin man will? Das Vati wieder so schnell aufgestiegen ist, ist doch herrlich, hoffentlich klappt alles auch weiterhin.

Die Feiertage haben wir, wie wir schon in Nr. 21 schrieben, still und friedlich verlebt, meist waren unsere Gedanken mit Dir beschäftigt. Unser Bäumchen ist sehr niedlich, es steht rechts neben dem Fenster auf einem von Vati neu gebauten Tisch, der in der Höhe zu unseren beiden Sesseln passt, wir sitzen immer daran, es ist sehr gemütlich; das Klavier haben wir auf die linke Seite rüber gestellt, der Radioschrank mit dem Radio steht neben dem Ofen, also alles bequem und handlich. Das Herrenzimmer benutzen wir jetzt gar nicht, es sieht ohne Teppich ja auch nicht so sehr schön aus und zwei Zimmer können wir auch nicht heizen. Hast Du schon Nachricht von der Berliner Schule, wohl noch nicht, wird wohl aber bald kommen. Denke mal, Rehfelds haben sie in der vorigen Woche, es war in der Nacht gerade so ein furchtbarer Sturm, sechs Kaninchen und vier Hühner gestohlen, er ist ganz krank vor Ärger, ist doch auch ein Schlag. Ich las heute noch mal Deinen Brief, ich danke der Frau Heise recht herzlich für alles mitgeschickte, ich habe ihr den Gefallen aber so getan, aber gebrauchen kann ich natürlich alles sehr gut. Ich wünsche ihr, dass sie auch Nachricht bekommt. Für heute gute Nacht, Deine

Mutti

N.S.: Für Deinen Hut konnte ich noch keinen passenden Karton auftreiben. Ich durfte ausnahmsweise auch auf dem guten Bogen schreiben, nett, nicht wahr?

Hennigsdorf, 8.1.46

Mein lieber Eberhard!

Es ist ja schon ziemlich vorgerückte Stunde, es ist schon ¾ 11 Uhr, aber heute hat drei Stunden kein Licht gebrannt und ich musste noch zu Mutters Geburtstag basteln, denn kaufen kann man ja nichts, so heißt es wieder selbst ist der Mann. Als ich heute nach Hause kam, strahlte Mutti, es waren drei Päckchen angekommen, es ist immer eine rechte Freude für uns wenn wir merken, wie Du an Deine Eltern denkst. Wir sind ja nur neugierig was in der Blechdose ist, wir wollen aber ehe wir sie öffnen Deinen nächsten Brief abwarten. Wir freuen uns, dass Du unsere Päckchen auch alle erhalten hast, wenn es auch nicht viel ist, es ist aber mit umso mehr Liebe gesandt.

Wegen der genannten technischen Bücher wird Mutti in der nächsten Woche nach Berlin fahren und sich in der Nähe der Schule umsehen.

Wie hast Du denn die Feiertage verlebt, hast Du hoffentlich Weihnachten und Neujahr nicht gearbeitet und warst Du die ganze Zeit bei der Familie Großkord. Es ist ja nett, dass sie sich Deiner angenommen haben. Stederdorf ist doch gewiss ein kleines Nest, ist der Herr Großkord Bauer oder ist er in Peine beschäftigt? Wie bist Du eigentlich dorthin verschlagen worden? Musst schon entschuldigen, wenn wir so neugierig sind, aber da man sich nicht sprechen kann und wir doch alles was unseren Junge betrifft wissen möchten, müssen wir schon so viele Fragen stellen. Habe eben erst mal im Kursbuch nachgesehen wo Stederdorf liegt.

Du schreibst ob ich nicht mal eine Dienstreise in das dortige Gebiet habe, was meinst Du, was ich schon die Ohren spitze, habe schon Herrn Ganse, der jetzt den Direktor macht, heran gekriegt, ist aber noch nichts zu machen, wenn sich irgendeine Möglichkeit bietet, bin ich da und wenn es nur für einige Stunden ist, aber einen Tag würde man doch wohl herausschlagen.

Nun werde ich aber doch so langsam müde, ich will Schluss machen. Habe noch vielen herzlichen Dank für die Päckchen, denn ich bin ja auch mit daran beteiligt. Es grüßt und küsst Dich Dein

Vati

<u>Nr. 24</u>

Hennigsdorf, den 8.1.46

Mein lieber Junge!

Heute können wir aber Post bestätigen, erst Deine beiden lieben Briefe Nr. 22 und 23, welche wie ich im Päckchen schon schrieb, gestern angekommen sind und heute, hurra, Deine drei Päckchen vom 2. Nr. 26, 27, 28. Die sind doch unglaublich schnell

---

gegangen, eine Karte von uns zu Tante Lisa geht länger. Aber vielen Dank dafür, Du kannst Dir gar nicht denken, welch große Freude Deine Sendungen auslösen, muss doch das Hungergespenst dadurch wieder weichen. Es ist alles herrlich, was Du auch schickst, ich kann uns doch immer wieder eine Mahlzeit davon bereiten, bzw. mehrere. Alles, was Du uns bis jetzt geschickt hast, ist hier nicht zu haben, auch nicht auf Karten. Heute Mittag habe ich uns gleich eine köstliche Haferflockensuppe gemacht, dann gab es Pellkartoffeln mit Specksoße, dazu habe ich ein Drittel von dem Stück gebraucht, welches Du mir Weihnachten schicktest, gestern habe ich für Erbsensuppe ein Drittel verbraucht, ein Drittel ist noch da, das kommt wieder einmal an die Reihe, wenn es etwas extra schönes geben soll. So wird alles eingeteilt, damit es recht lange vorhält. Morgen wollen wir die Büchse aufmachen, wir sind so neugierig, was darin ist. Auch für die Zwiebeln sind wir Dir sehr dankbar, ebenso freue ich mich sehr zu dem Vanillezucker. Sage der Frau Heise auch noch vielen Dank für das Trockengemüse. Ganz glücklich bin ich, als ich las, dass Du einen Zentner Kartoffeln für uns hast, nun ist nur die Frage, wie ihn herbekommen, aber da wird der liebe Gott auch schon mal einen Weg haben, er hatte bis jetzt noch immer geholfen und uns nicht verlassen. Ich freue mich, dass Du alle Päckchen erhalten hast von uns, bist ja doch gewiss Deinem Zuhause dadurch nahe gekommen, gelt? Es ist eine traurige Zeit, dass man im Deutschen Reich von seinen Lieben getrennt sein muss: aber nach der

———

Zeit muss ja auch mal wieder eine andere kommen, denn wir haben ja lange genug Unruhe und Aufregung gab, dass wir gern noch einige Jahre in Ruhe und Freude an seinen Lieben erleben möchten.

Nun fehlen nur noch Deine Briefe Nr. 24 und 25, ich nehme an, dass wir darin Deine Weihnachtserlebnisse erfahren werden. Hoffentlich war es recht nett. Sag mal, dass die Eisenbahner mit dem alliierten Zug mal ein paar Kartoffeln für uns mitnehmen und man sie von irgendwo abholen würde, geht wohl nicht? Na wie gesagt, es wird sich schon noch eine Gelegenheit finden. Wenn Du als Eisenbahner hättest herkommen können, wäre es für uns natürlich eine Riesenfreude gewesen, aber begib Dich nur nicht in Gefahr, denn dazu bist Du nicht die ganzen Kriegsjahre behütet, damit Du schließlich jetzt noch Pech hast. Denke mal, der Rudi Prüfrock war in englischer Gefangenschaft, ob er entlassen ist, weiß ich nicht, oder ob er es auf eigene Faust gemacht hat, jedenfalls ist er bis Potsdam gekommen und da hat ihn der Russe geschnappt und jetzt fehlt jede Nachricht von ihm[36]. Ich hatte neulich seine Mutter gesprochen, ist das nicht grässlich, so dicht daheim, und nun wer weiß wann er wiederkommt. Wir sind ja auch sehr ge-

---

[36] Wer ohne Papiere aufgegriffen wurde, der konnte schnell wieder in Gefangenschaft kommen, denn eine Freilassung garantierte noch lange nicht, dass man nicht wieder verhaftet werden würde. So kam es, dass immer wieder Menschen, die zum Beispiel aus der einen Zone kamen, in einer anderen wieder verhaftet wurden. Sollte dies Rudi Prüfrock in der sowjetischen Zone passiert sein, so standen seine Chancen schlecht, denn jeder Dritte Kriegsgefangene in den russischen Lagern starb an Kälte, Hunger oder Folter.

spannt, was uns der Februar bringen wird, ehe wir
aber nicht die Sache sehen, glauben wir es nicht,
hoffen wir das Beste. Nun gut Nacht, mein lieber
Bub, Du bist der beste Junge den es gibt. Es grüßt
und küsst Dich immer Deine

Mutti

Hennigsdorf, 12.1.46

Mein lieber Junge!

Auch Muttis Geburtstag ist nun vorüber und damit
auch die eilige Arbeit für mich, gibt es doch jetzt
nichts zu kaufen, so muss man selbst heran. Jetzt
habe ich nun etwas mehr Zeit, heute Nachmittag
war ich schon im Garten, Bäume beschneiden.

Nun, mein lieber Junge, möchte auch ich Dir
für Deine Päckchen meinen allerherzlichsten Dank
aussprechen, es ist immer ein Freudenfest, vor allen
Dingen aber wenn auch ein Brief beiliegt, wie heute gleich zwei, dann werden aber erst die Briefe
gelesen und dann wird gegessen.

In Deinem Brief Nr. 31 schreibst Du, dass Du
am 15.3. bei uns angerufen hast, hat mir niemand
etwas davon gesagt, sonst hätte ich mich doch noch
auf die Socken gemacht. Am 18.3. war ja dann
auch der Großangriff[37] der letzten Staffel auf die

---

[37] Am 18. März 1945 bombardierte die US-Luftwaffe die Hennigsdorfer AEG-
Werke zum letzten Mal, kurz bevor die Russen die Stadt einnahmen. Bei
besagtem Einmarsch der Russen am 22. April gab es dann noch einmal
schwere Treffer im AEG-Werk.

AEG, da sind wir so ziemlich fertig gemacht, trotzdem haben wir immer noch ziemlich unser Liefersoll damals erfüllt. Ich war bei dem Angriff wie immer im Werk, ca. 50 m von mir ging eine Mine runter, wir konnten nur von Glück sagen, dass es Sonntag war, hatten dadurch keine Menschenverluste, aber am Montag durch Neugierde zwei Schwerverletzte. Schmehle war auch durch Neugierde leicht verletzt. Aber so wie jetzt die AEG aussieht, hat sie damals nicht ausgesehen, jetzt ist das übrige noch hinzugekommen. Ich weiß nicht, ob ich es Dir schon schrieb, mein Büro ist am 22.4. total ausgebombt, ebenso das von Wulff. Übrigens, Wulff soll sich in Lübeck befinden. Meine Akten und persönlichen Unterlagen sind alle verbrannt, auch Tabellenbücher von mir.

Deine Feldpostbriefe, die Du uns seinerzeit geschickt hast, sind wohl alle angekommen, wir können nur nicht mehr nachsehen, da das Büchlein fort ist, und die Briefe durcheinander liegen, jedenfalls wie Du die Osterfeiertage verlebt hast und das es bei Euch noch Kuchen gab, das haben wir gelesen, der letzte Brief seinerzeit war abgestempelt „Berlin 017", wir haben ja dann nicht mehr schreiben können, ehe wir nicht Deine Feldpostnummer hatten, haben aber dann Deine Briefe auch beantwortet, die wirst Du nicht mehr erhalten haben. Na inzwischen klappt es ja umso besser.

Ich kann Dir heute nun verraten, dass ich für Dich einen guten Winkel bekommen habe, ich glaube Du wirst solch einen noch nicht gesehen haben, ich skizzierte ihn Dir nun mal auf, das Mittelteil ist nach Graden einstellbar und wird durch eine Feder, welche in der Rundung liegt, gehalten, jedenfalls finde ich den Winkel herrlich. Will sehen, ob ich für mich auch noch einen bekomme. Hoffentlich klappt es mit einem Rechenschieber auch recht bald.

Wir glaubten noch etwas von Deinen Weihnachtsfeiertagen zu hören, aber vielleicht kommt es noch im Brief Nr. 30 an. Du wirst sagen, da haben sie erst zwei lange Briefe bekommen und da wollen sie immer noch mehr.

Nun will ich für heute schließen, musste aber noch sagen, dass wir uns zum Abendbrot Speckstullen geleistet haben, ein Stück ist alle, obwohl die Scheiben ganz dünn waren, es war ein Genuss, also nochmals tausend Dank. Halt, noch eins, wird Geld auf Postsparkasse dort ausgezahlt? Wenn ja, schicke ich Dir mein Buch, da sind glaube ich 150,- Mark drauf. Nun aber Schluss. Mit vielen herzlichen Grüßen und Küssen, Dein

Vati

N.S.: Kalender gibt es nicht, es gibt aber wieder AEG-Tagebücher, da ist vorne ein Gesamtkalender für 1945, 1946 und 1947 drin, werde sehen, ob ich da noch einen von bekomme.

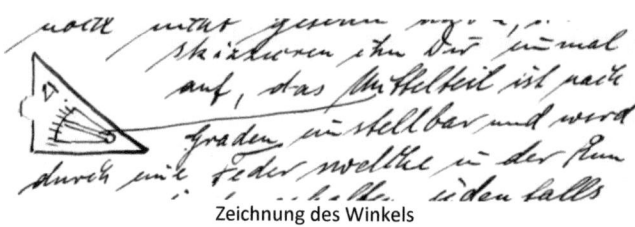

Zeichnung des Winkels

Nr. 25

Hennigsdorf, den 12.1.1946

Mein lieber lieber Junge!

Heute kann ich so viel Post bestätigen, dass ich gar nicht weiß, wo anfangen. Die Päckchen Nr. 26, 27 und 28 haben wir am 8. erhalten, am 9. kam Nr. 29 mit dem Trockengemüse, gestern am 11. kam der Geburtstagsbrief Nr. 25 und heute kamen die vier Päckchen Nr. 31, 32, 33 und 34, wir danken Dir für alles von Herzen. Es ist nun von Dir alles bis Nr. 34 da, nur Nr. 30, der Brief fehlt, der wird wohl morgen oder Montag kommen. Die Päckchen sind doch wieder sehr schnell gegangen, vom Montag bis Sonnabend. Es freut uns zu lesen, dass Du auch unsere Post bis auf Nr. 10 erhalten hast, oder fehlt auch Nr. 13 und die Karte, die ich in der Elektrischen geschrieben habe? Die Hauptsache ist ja aber, dass Du die Päckchen erhalten hast und wir auch.

Ach Junge, die Freude ist immer groß, wenn wieder was zu futtern kommt. Es ist ja eigentlich traurig, dass wir so materiell denken, aber Du hättest ja auch bloß Kummer, wenn Deine Eltern hier vor Hunger eingehen würden und dazu fehlt wirklich nicht viel, denn von der Versorgung hier kann kein Mensch existieren. Nun hatten wir seit November Karten mit etwas Zuteilung, vorgestern ist der Anschlag dran, dass alles verfallen ist, dabei ist es nicht etwa aufgerufen worden! 23.12. kam noch ein Anschlag raus, dass die Novemberkarten aufzuheben sind, da kein Ersatz geleistet wird und dass alles beliefert wird und nun so. Es ist verfallen vom November zwei Dekaden Nährmittel, die ganze Marmelade, vom Dezember zwei Dekaden Fett, einmal Fleisch, zweimal Zucker, zweimal Marmelade, zweimal Nährmittel. Da kannst Du Dir denken, wie wir verpflegt werden. Unsere Zuteilung nach Karten beträgt

Für Vati (Arbeitskarte) pro Tag:
- Brot 350 g
- Fleisch 25 g
- Nährmittel 20 g
- Zucker 20 g
- Marmelade 30 g

Für mich:
- Brot 200 g
- Fett 7 g
- Fleisch 15 g
- Nährmittel 10 g
- Zucker 15 g
- Marmelade 30 g

Fleisch und Fett ist für uns Hausfrauen erst im Dezember, wenn wir das wenige nun noch nicht einmal bekommen ist es aus. Dazu pro Tag je 300 g Kartoffeln, zu einem Essen brauche ich mindestens *drei Pfund, wenn wir uns so einigermaßen sättigen wollen. Nun haben wir ein Zentner pro Person eingekellert, das soll bis Mai reichen und in längstens vierzehn Tagen sind sie alle. Darum kannst Du Dir denken, wie glücklich wir sind, dass Du so tüchtig und lieb bist.*

Du schreibst nun, ich sollte die Preise mitteilen, die Du ausgeben kannst, ja besser wäre es gewesen, Du hättest mir mitgeteilt, was Du dort anlegen musst. Hier die Preise schrieb ich Dir ja schon, die kann ich natürlich nicht laufend zahlen, denn so viel verdient Vati nicht und unser vorrätiges Geld ist auch schon zusammengeschrumpft. Aber für Fettsachen, ganz gleich was, würde ich doch noch immer, hauptsächlich für Speck, bis 150,- M oder auch mal 200,- M anlegen, Mehl, Grieß, etc. bis 10,- M, Zucker 20-30,- M so ungefähr. Ist es nun noch ein paar Mark teurer, na dann muss es auch sein, denn die Hauptsache ist doch, dass wir diese Hungerperiode durchhalten. Was nützt es, wenn wir das Geld sparen und gingen ein, nicht wahr? Lieb ist uns alles was irgendwie den Magen füllt, ob es Trockengemüse, Getreideerzeugnisse oder Ähnliches ist. Schade ist es, dass es nicht Trockenkartoffeln gibt, die könntest Du dann auch leicht als Päckchen schicken.

Schlimm ist es immer noch mit unserer Verbindung, nach Spandau müssen wir entweder mit der S-Bahn von Heiligensee bis Gesundbrunnen und von dort mit dem Ring bis Jungfernheide umsteigen auf anderen Bahnsteig bis Spandau, oder bis zur Straßenbahn Heiligensee über Nieder-

neuendorf laufen mit der 128 bis Gabelung, dort mit 28 bis Tegelort übersetzen, bis zur Endhaltestelle der 75 laufen, mit der 75 bis Rathaus Spandau, also furchtbar umständlich. Mit den Brückensprengungen[38] haben sie die Bevölkerung extra gestraft. Nun muss ich Dir unbedingt von meinem Geburtstag erzählen, ich habe von Vati einen schönen selbstgebauten Kacheltisch, dieses Briefpapier und ein Alpenveilchen bekommen, von Tante Martha ein Paket Seifenpulver und Soda, von Frau Buschel 25 g Kaffeebohnen und von Tante Lisa eine wundervolle Einkaufstasche, ¼ Pfund Zucker, ½ Pfund Kaffeeersatz und ein Tischtuch, von Frau Rehfeld ein Blattgewächs, mehr Besuch war nicht da, ich war aber sehr zufrieden. Leider war mir nicht gut, aber ich konnte noch auf sein. Den Tag vorher waren Deine Päckchen da und eine Mitteilung, dass Du Kartoffeln für uns hast, da war ich extra glücklich. Tante Lisa ist noch hier, wir wollen morgen nach Weißensee, Vati bleibt aber hier, da kein Frost ist, kann er seine Bäume schneiden. Ich danke Dir auch noch besonders für Deinen lieben Geburtstagsbrief, ja mein Junge, es ist traurig, dass wir nicht einmal jetzt beisammen sein können, aber wir wollen nur noch Geduld haben, es muss sich doch mal etwas bessern und dann werden wir glücklich sein, dass wir alles gut überstanden haben.

Du brauchst nicht beschämt zu sein, dass Du Deine Päckchen nicht so zurecht gemacht hast wie

---

[38] In dem Versuch, die Alliierten bei ihrem Vormarsch auf Berlin zu stören, hatte die Wehrmacht zahlreiche Verbindungswege und Brücken gesprengt.

wir, es ist so lieb von Dir, dass Du Dir so viel Mühe machst und so an Deine Eltern denkst und wir wollten Dir auch eine kleine Freude machen, was uns ja wohl gelungen ist.

Ich wollte nun schon immer fragen, Anzug oder Mantel hast Du wohl noch nicht bekommen? Du fragtest auch mal nach Deiner Größe, die Nummer weiß ich auch nicht, das ist schon lange her, dass wir in Geschäften waren um zu kaufen, wenn ich nicht irre, kam für Dich 51 oder 52 in Frage, ob es aber richtig ist, weiß ich nicht. Ich nehme an, dass Du bei einigermaßen gutem Stoff nicht unter 150,- M fortkommst, vielleicht kosten sie auch mehr, davon habe ich keine Ahnung. Wäsche sind normale Preise (Friedens- bis erste Kriegsjahre), Unterhemd und Hose wohl gemischt je 3-6 M. Bezüge 7-12 M, Laken 4-6 M, Handtücher 1-3 M, Oberhemden 8-20 M. Was nun jetzt normal ist, kann ich nicht sagen, es kommt natürlich auf die Art und Qualität an.

Vielleicht hast Du von der Neuköllner Schule schon den Schein erhalten. Mit den Paketen von Fräulein Steinberg hat es schon seine Richtigkeit, wir haben zwei erhalten, nur leider ohne Fleischbüchse. Die Päckchen, die Du geschickt hast, waren bisher immer tadellos, bis auf zwei Haferflocken, mit die ersten, die etwas undicht waren, da war etwas dran gepolkt. Die ganzen übrigen waren unversehrt. Übrigens, dass Du nicht immer in den Päckchen einen Brief einlegen kannst, können wir schon verstehen, es macht ja schon so genug Arbeit und Du bist auch ein fleißiger Schreiber, wir freuen

*uns. Heute nun gute Nacht, ich bade jetzt und dann
geht es schlafen. Viele Grüße und Küsse auch von
Tante Lisa, Deine*

Mutter

<u>Nr. 26</u>

Hennigsdorf, den 15.1.46

Mein lieber Eberhard!

*Heute kann ich Dir nun auch Brief Nr. 30 bestäti-
gen, er kam gestern an, es ist also bis einschließlich Nr. 34 alles da, auch das uneingeschriebene
Päckchen Nr. 29 ist angekommen, nur einen Tag
später als die anderen. Das machte aber nichts.
Was also nicht so sehr wertvoll ist kannst Du schon
mal so senden, trotzdem für uns alles wertvoll ist,
was wir zum Essen erhalten. Die Büchse mit dem
Schweinefleisch hattest Du doch wohl noch nicht
abgeschickt, denn die ist noch nicht hier. Die
Fleischstückchen sind tadellos hier mit angekommen, jetzt bei der Witterung kannst Du Fleisch ruhig salzen und so senden, das hält sich längere
Zeit.*

*Ich glaube, ich habe mit unseren Nummern
einen Fehler gemacht, entweder sind zwei Briefe
gleich nummeriert, oder einer gar nicht, ich habe
den mit den 20,-M nicht eingeschrieben in unser
Buch, aber die Hauptsache, er kommt an. Du
schreibst, Du hast für 80,- M eingekauft, ein halbes
Pfund Schweinefleisch, 160 g Speck, ein Pfund*

Mehl, ein halbes Pfund Gries. Ich hätte nun gern die einzelnen Preise gewusst, dann kann ich Dir besser sagen, was billig ist. Gegen unsere Preise ist es natürlich so schon billig, denn ich schrieb Dir schon, dass ich für ein Pfund Butterschmalz 400,- M gegeben habe, für ein Pfund Mehl 45,- M, aber das sind ja auch Preise, die man nur ab und zu zahlen kann. Ich schrieb Dir schon im Brief Nr. 25 über alle Preise ausführlich, was noch preiswerter ist, ist natürlich noch angenehmer.

Am Sonntag waren wir bei Zelliens in Wei-ßensee und Tante Emma, die wohnen zusammen, denn Zelliens haben ja keine Wohnung mehr, und dass er am letzten Tage gefallen ist, schrieb ich Dir ja und jetzt vor vier Wochen ist die Tante Martha (sie war Telefonistin) gestorben, da haben wir einen Beileidsbesuch gemacht. Die erzählte, dass in Braunschweig bei Euch die Butter 60,- M kosten soll, wenn das wahr ist, könntest Du natürlich gern zwei Pfund im Monat für uns kaufen, aber das glaube ich nicht. Schreib nur mal so ungefähr, was sie fordern. Du hattest doch in den Päckchen jetzt die Kolumbiaflocken geschickt, die sind ja ganz wunderbar, wie gibt es denn die, auch auf Marken oder ist das etwa ein Erzeugnis, was es so gibt? Wenn Du davon bekommen könntest, kannst Du so viel kaufen, wie es geht und schick sie uns nach und nach, das gibt, mit der Spaghettiwürze, die auch sehr schön ist, eine richtige Brühsuppe, die würden wir gern jeden Abend essen, das ist herzhaft und sättigend, nur es verbraucht sich sehr schnell, es war für viermal Suppe, was Du geschickt hast, aber

3-5 Mark pro Pfund wäre mir nicht teuer dafür. Es ist zu schade, dass man nicht erst mal alles zusammen besprechen kann, dann wäre es auch für Dich viel leichter.

An die Frau Bollenbach in Ilsenburg habe ich noch nicht geschrieben, ich werde es aber in den nächsten Tagen noch tun. Weißt Du, jetzt bei der Kälte fürchtet man sich vor einer Fahrt, sobald es besser wird, dann werden wir, bzw. einer von uns, es bestimmt versuchen hinzukommen, wir wollen auch erst noch warten, was uns das Frühjahr neues bringt.

Das Schlimme ist ja mit der Verpflegung, dass hier in der russischen Zone jeder Ort seine eigene Verpflegung hat, wir können nur in Hennigsdorf kaufen, darum ist es ja auch so schlecht mit Tante Lisa, wenn sie kommt, muss sie alles mitbringen. Brot, Kartoffeln, usw., weil wir woanders auf unsere Marken nichts bekommen, sonst könnten wir ja auch von Dessau ab und zu ein paar Marken bekommen, aber das hat keinen Zweck, weil es hier nichts darauf gibt.

Übrigens Rieskes sind schon hier, wusstest Du wohl gar nicht, schon acht Tage, haben sich jedenfalls nicht gemeldet, damit Du ihnen nichts mitgeben konntest. Ist nur gut, dass Du die große Dose dort behalten hast. Dass Du die Festtage nett verlebt hast freut uns, hoffentlich können wir in Zukunft beieinander sein, es muss doch wieder mal etwas normaler werden. Ich bin ja so froh, dass Du Kartoffeln hast, so wird sich schon ein Weg finden, dass wir sie hierher bekommen, dann sind wir ja aus der Not heraus. Wenn Du keine Wäsche kaufen kannst, ist es auch nicht so schlimm, vorläufig geht es erst mal, dann kommt der Sommer. Sommerunterwäsche ist noch größtenteils da, und später denke ich, wird es auch wieder etwas zu kaufen geben, nur wenn es irgendetwas zu einigermaßen normalen Preisen gibt, kann man es kaufen, weil jetzt noch das Geld loser ist. Dass Du zwei Pullover bekommst, ist großartig, macht man Dir das aus Liebe? Unsere Gewürze sind größtenteils knapp. Fehlen tut Zimt, Muskatnuss, Pfeffer, Süßstoff. Nelken, Kümmelgewürz und Lorbeerblatt habe ich noch.

Es fahren hier schon verschiedene Arbeiter mit dem Rade, aber es kommt noch genug vor und Überfälle sind auch an der Tagesordnung, wir sind ja bisher noch gottlob verschont geblieben, wenn ich meinen Pelzmantel anhabe, bin ich aber immer froh, wenn ich wieder zu Hause bin, gute Sachen zieht man nicht gern an. Im Westen Berlins geht es eher, da sieht man mehr Eleganz. Vielleicht hast Du nun schon den Schein von der Berliner Schule erhalten, es ginge vielleicht, wie Du schreibst, zu machen mit dem Wohnen, aber wie gesagt, wir hoffen doch zum Frühjahr auf etwas Klärung und ich hoffe, dass wir uns auch persönlich darüber unterhalten können, dann ist es doch einfacher als brieflich. Dass Du zum Sommer Kleidung haben musst, ist sicher, und es sind ja zum Glück der grüne und braune Anzug da.

Nun sind wir auf Deine weiteren Erlebnisse gespannt bis zu der Zeit, 18. März, hatten wir Deine Briefe noch erhalten, nur nach dem fehlte dann weiteres, wie ihr Wien verteidigt habt, also die Nachrichten Nr. 32 sind uns neu. Du bist ja am 6. so fleißig gewesen, dass wir gestaunt haben und so schön anschaulich hast Du alles geschildert. Es ist doch wirklich schlimm gekommen, hat denn solch ein Ende das deutsche Volk wirklich verdient?

Solch rein gewaschene Engel sind doch die anderen auch nicht, wenn man auch das, was man jetzt nachträglich alles hört, und was wirklich nicht alles abgestritten werden kann, auf keinen Fall gutheißen kann. Es ist doch aber gewiss auch auf anderen Seiten gesündigt worden. Traurig ist es, dass man mit Terror herrschen und besser machen wollte, das kann nie gut ausgehen. Aber es hilft jetzt nicht zu jammern, man kann nur hoffen, dass die Zukunft auch für uns mal etwas Besseres birgt.

Ich lege Dir noch einige Briefmarken bei, vielleicht hast Du Interesse dafür. Es gibt doch recht gemeine Menschen, wir hatten doch das Fräulein Ellen[39], die Blonde, die Du auch gesehen hast, aufgenommen und umsonst verpflegt, ich habe ihr noch mit Schuhen, Kleidern und Strümpfen ausgeholfen, sie wollte uns ewig dankbar sein. Ist dann zu ihren Verwandten nach Oschersleben gefahren unter Mitnahme unseres Rucksack, den wir packten und Wolle, wovon sie mir eine Jacke stricken wollte, ihre Sachen hatte sie alle geholt und war nicht

---

[39] Siehe Brief Nr. 5 vom 21.11.1945 (Ab Seite 39), in dem davon berichtet wird, wie sich ein junges Mädchen im Keller hinter dem Apfelbord versteckt, um den Vergewaltigungen im Lager gegenüber zu entkommen.

*mehr gesehen, sie wollte uns Erbsen besorgen und
alles Mögliche. Erst schrieb ich sie an, keine Antwort, jetzt schrieb ich an den Onkel, da bekam ich
an Silvester mein Freikuvert mit meinem an ihn
gerichteten Brief zurück, ohne eine Zeile, nur hat er
meine Marke mit einer sächsischen überklebt, was
sagst Du dazu? Muss eine vornehme Familie sein,
das Fräulein Ellen und ihr Onkel Walter. Man
kann schon was erleben, da kann man von den
Feinden wirklich nicht mehr erwarten. Tante Lisa
schenkte Vati zu Weihnachten die beiliegende Krawatte und Vati denkt bloß an seinen Jungen und die
soll lieber der Junge haben, sagt er, Tante Lisa
lässt Dich auch schön grüßen, trage sie in Gesundheit. Ich lege hier 50,- M bei, im nächsten Brief
kommen die nächsten. Ich füge noch die leeren
Kartons bei. Gleichzeitig geht Dein Hut ab. Viele
liebe Grüße und Küsse, Deine Dich liebende*

Mutter

Nr. 28

H., d. 18.1.46

Lieber Junge!

*Post kann ich noch nicht bestätigen, aber ich will
trotzdem schreiben, sonst wartest Du vergeblich
auf Post. Heute hat Vati wieder für Dich gesorgt,
hat einen Rechenschieber bekommen, einen ge-
brauchten, wir müssen dann im Sommer Obst für
12,- M dafür liefern, siehst Du, so kommt ein Stück*

nach dem anderen. Gestern war ich nun auch nach der Bauschule in Neukölln, ich lege Dir das Merkblatt hier bei (ebenso lege ich die Briefmarken, die ich letzthin vergessen habe, heute bei). Gleichzeitig habe ich gebeten, uns einen Aufnahmeschein zuzuschicken, sie hatten gestern keine da. Das Semester, welches am 15.3. beginnt, ist aber bereits überfüllt, dazu wird keine Anmeldung mehr angenommen, aber die Prüfung kann trotzdem gemacht werden, beim Bestehen derselben kann man sich dann zum Oktober vormerken lassen. Da besteht ja nun allerdings noch die Möglichkeit, dass welche die Prüfung nicht bestehen und dass dadurch Plätze frei werden oder das sonst jemand abspringt oder verhindert ist. Bei Nichtbestehen kann das Vorsemester besucht werden. Die Abendkurse sind nicht so überfüllt, nur da gibt es keinen Abschluss, aber man kann von dort auch zum Tageskursus übergehen und dann den Abschluss als Bauingenieur machen.

Wenn man nun nur wüsste, wie die Zukunft wird und wie es mit unserer Besetzung wird. Es wird so viel geredet, aber ich glaube, es wird nur ausgetauscht, die einen gehen und die anderen kommen. Mit dem nächsten Päckchen schicke ich Dir zwei Kartons zurück und da rein lege ich eine Essigessenzflasche, es gibt nämlich hier auch keinen Essig, vielleicht gibt es dort nun solche Flaschen, da hat man dann eine ganze Weile etwas und die Flaschen sind auch so fest, die lassen sich eher verschicken. Aber vielleicht ist das bei Euch auch knapp, dann geht es natürlich auch ohne.

Heute hatten wir eine schöne Brühsuppe mit den letzten Graupen (oder Grütze) von Dir, hat sehr gut geschmeckt. Es ist traurig, dass sie uns unsere Marken nicht geliefert haben, es sind über drei Pfund, was verfallen ist. Wenn wir das nicht von Dir hätten, müssten wir hungern, man versteht nicht, warum sie die Bevölkerung so unterschiedlich behandeln, die Berliner bekommen jetzt 400 g Brot und wir nur wie immer 200 g und dann noch nicht einmal das was uns zusteht. Manchmal ist man doch recht verzagt. Na hoffen wir auf bessere Zeiten. Hast Du nun schon von den anderen Schulen Nachricht?

Denke mal, neulich kam ich mit der Frau Gilberg ins Gespräch, ich kannte sie noch nicht, ist eine hübsche Frau, ihr Sohn, der in Deiner Klasse war (der Ältere ist ja gefallen) ist verheiratet und zwar hat er die einzige Tochter der Marksburg, das ist wohl ein großes Hotel und Restaurant, hat auch schon einen kleinen Jungen, es geht ihm sehr gut. Der Horst Plage befindet sich in Bayern und will auch heiraten, ja so werden aus Kindern Leute.

Schrieb ich Dir eigentlich schon, dass Günther Köhler schon seit dem 17. März, gerade einen Tag vor dem großen Angriff auf Hennigsdorf, verheiratet ist? Er ist jetzt im November 21 Jahre alt geworden, er hatte doch den linken Arm verloren. Näheres über Günter P. wissen Sie auch nicht, die Adresse lautete „Moskau Rotes Kreuz (russ.)", aber er schreibt dass es ihm sehr gut geht, zwei Tage nach seinem 22. Geburtstag ist er in Gefangenschaft geraten. Gestern war ich bei Frau Horn

mit heran, wie ich ihr von Günter erzählte, sagte
sie, da bin ich nun die einzigste, es ist auch zu trau-
rig und zu viel, was sie durchmachen musste, Heinz
war am 2. ein Jahr lang tot.

Das wäre nun wohl für heute alles, am 15.
sind zwei Päckchen an Dich abgegangen, mit Dei-
nem Hut und Schnürsenkeln und einer Krawatte.
Übrigens Vati hat noch ein Taschenbuch für Dich,
ich schicke es im Päckchen mit, eins geht bis Juni,
das zweite (das behalte ich noch hier) von Juli bis
Dezember, freust Du Dich dazu?

Nun Dir wohl für heute recht innige Grüße
und Küsse, Deine

Mutti und Vati

N.S.: Dass wir Deine gesamte Post bis Nr. 34 er-
halten haben, bestätigte ich Dir schon, hoffentlich
bleibt es immer so. Die Bücher, die Du aufge-
schrieben hast, sind gut, sagte die Dame im Büro
(in der Schule), sie werden nur sehr schwer aufzu-
treiben sein, versuche Du nur dort auch, ich habe
bisher noch kein Glück gehabt.

Nr. 29
Hennigsdorf, den 19.1.46
Mein lieber Eberhard!

Heute sende ich Dir nun auch gleich die Essigfla-
sche und das Taschenbuch, von dem ich in Brief
Nr. 28 schrieb, ich schicke es nur so, weil es ja

nicht weiter wertvoll ist und Du brauchst dann nicht erst zur Post.

Ich bin auf Deinen nächsten Brief gespannt, wir beide denken, Du berichtest über Deine weiteren Erlebnisse, was uns jetzt besonders interessiert. Am 31.1. geht ein Transport in die anderen Gebiete, ich weiß nicht recht ob ich mich anschließen soll, man ist wohl sehr lange unterwegs und sollte sich hier etwas ändern, dann bin ich gerade in der Zeit vom 2.2.-5.2. nicht da, und ich möchte eigentlich die Wohnung nicht ohne Aufsicht lassen, ich muss es mir noch reiflich überlegen, so gern ich zu Dir möchte. Ich will nun aber doch an die Frau Bollenbach in Isenburg schreiben, vielleicht weiß sie auch Rat.

Für heute erst mal recht herzliche Sonntagsgrüße und einen Kuss von Deiner

Mutti

N.S.: Vati hat sich eine Ofenbank gebaut, wir haben doch einen Tisch stehen, wo sonst das Klavier stand, es ist eine richtig gemütliche Ecke, nun ist der zweite Sessel frei, wenn Du kommst, sonst müsste der Dritte immer auf einem Stuhl sitzen, der ist doch zu hoch für den Tisch, nun passt es.

Hennigsdorf, 20.1.46

Mein lieber Junge!

Sonntag ist, ich habe bis eben im Keller und in der Küche gemurkst, habe uns eine kleine Ofenbank zu unserem kleinen Tisch gebaut, nun ist ein Sessel frei, damit unser Sohn auch einen gemütlichen Platz hat, jetzt bin ich dabei und mache von innen vor unsere Kellerfenster Blechklappen, man kann sich ja jetzt nicht genügend vor unliebsamen Gästen sichern.

Heute Morgen, Mutti hatte mir gerade noch eine Schnitte bewilligt, klingelt es und die Postbotin steht vor uns und bringt uns drei Einschreibepäckchen, eins davon mit den Nrn. 36, 37 und 38 und zwei ohne Nummer, hast es wohl zu spät gemerkt, dass die Karten nicht eingelegt waren, habe vielen herzlichen Dank, es war eine richtige Sonntagsfreude und da Du nun hier nicht greifbar bist, habe ich den Kuss von Mutti dafür einstecken müssen.

Also mein lieber Junge, habe vielen herzlichen Dank dafür, das Brot schmeckt ja wunderbar, na und über den Zucker hat sich Mutti besonders gefreut, ich habe ja erst immer dann die Freude, wenn Mutti die einzelnen Nährstoffe verwandelt hat, wie heute gab es in der Pfanne gebackene Pfannkuchen, es war ein Genuss, man ist doch ganz bescheiden geworden.

Dass ich einen Rechenschieber für Dich habe, schrieb Mutti ja schon, nun fehlt noch ein anständi-

---

ges Reißzeug, alles Übrige an Utensilien wäre ja dann vorhanden.

Wir sind nun gespannt auf Deine weiteren Schilderungen aus Deiner Militärzeit, hoffentlich erhalten wir recht bald eine Fortsetzung. Wo ist denn jetzt Deine Arbeitsstelle, habt ihr viel Außenarbeit? Ist ja dann auch jetzt gerade kein Vergnügen bei der Kälte. Seit gestern ist es ja etwas milder geworden, bis -12 °C hatten wir hier auch. Was ich noch sagen wollte, die Päckchen sind doch fabelhaft schnell gegangen, Du hast sie am 17. abends zur Post gebracht und heute am 20. sind sie schon hier, es fehlt noch Nr. 35, wir nehmen an, es ist ein Brief, der wird wohl morgen kommen.

Wir sollten eigentlich heute zu Müllers kommen, da sollte ich den Keller noch sichern, nun war Mutti doch am Freitag in Berlin, da haben sie uns quasi ausgeladen, war ich froh und Mutti auch, wir waren zufrieden, dass wir in unseren vier Wänden bleiben konnten. Haben bis ½ 9 Uhr geschlafen, wir hätten gern gewusst ob unser Junge auch noch pennt.

Gestern hat es bei uns mal wieder Fleisch gegeben, ganze 200 g, aber Mutti macht allerhand davon, vier Buletten und noch falschen Hasen, da haben wir gestern Abend auf der Stulle was gehabt, heute Mittag gab es ein Stück vom falschen Hasen, heute Abend gibt es was davon und morgen noch zu Mittag und dabei hat es wunderbar geschmeckt, vor allen Dingen die Sauce. Rotkohl hatten wir auch dazu und als Nachtisch einen halben Apfel, den letzten. Ich sehe jetzt im Gesicht wieder ganz wohl aus, im Übrigen ist die Haut aber noch wie beim Elefanten, nur nicht so dick, nur so weit. Nach dem Kaffeetrinken hat Mutti mir noch eine Zigarette hervorgezaubert, die wird dann mit viel Genuss geraucht.

In der letzten Woche waren wir das erste Mal im Kino, es wurde „Der grüne Salon"[40] gegeben, ganz nett. Es sind jetzt fünf Mann Musik da[41], bei der Wochenschau schläft man am besten, sonst kommt einem das Essen von der vorigen Woche noch hoch[42]. Nun will ich schließen, mit vielen herzlichen Grüßen und küssen und nochmals vielen herzlichen Dank, Deine

Vati und Mutti

N.S.: Ich lege 10,- M bei, in dem Päckchen sind 50,- und,- 20 M drin. Herzlichst, Mutti!

---

[40] „Der grüne Salon" ist ein Drama aus dem Jahr 1944 von Boleslaw Barlog mit Paul Klinger, Margarete Haagen und Dorothea Wieck.

[41] In Kinosälen war es zu dieser Zeit üblich, dass Musiker die Filme mit Livemusik untermalten, was besonders großen Effekt bei Stummfilmen hatte.

[42] Hier wird sich direkt auf die Wochenschau und Aufnahmen der Alliierten bezogen, in denen der Bevölkerung bei Filmvorführungen vor dem eigentlichen Film noch die Gräuel des NS-Regimes vor Augen geführt wurden. Viele Deutsche sahen dabei zum ersten Mal reale Bilder aus den Konzentrationslagern oder von der ehemaligen Front, dies war eine drastische, aber auch unvermeidbare Maßnahme, um sie über die wahren Ereignisse des Krieges aufzuklären, die die deutsche Propaganda bis dahin so meisterhaft verschleiert hatte.

Hennigsdorf, den 22.1.1946

Mein lieber Junge!

Heute hatten wir wieder eine große Freude, denn Deine beiden Päckchen Nr. 39 und 40 und Dein Brief Nr. 41 kamen an, hab herzlichen Dank. Wir haben gleich geschlemmt, die Büchse aufgemacht und dann Fleischbrot zum Kaffee, unser Mittagbrot haben wir dann um 7 Uhr gegessen, sonst essen wir immer gleich um 4 Uhr, wenn Vati nach Haus kommt, uns lief beiden das Wasser im Munde zusammen, als wir in die Büchse sahen, man merkt erst, wie gern man isst, wenn man so entbehrt wie wir es tun. Diese Woche haben wir aber auch dafür ganz groß gelebt, dank unseres fürsorglichen Sohnes. Das Schwarzbrot schmeckt vorzüglich, bei uns ist das Brot gar nicht gut, es schmeckt muffig und bröckelt so, dass man es nicht mit der Maschine schneiden kann. Sie haben auch Richard Walter festgesetzt und wie sie sagen den Getreide-Walter auch, wer weiß, was die für Schiebereien gemacht haben.

Deine Post haben wir nun alle laufend erhalten, bis auf Nr. 35. War das ein Brief? Darin wirst Du wohl auch noch Post bestätigt haben, denn es fehlt die Bestätigung von Nr. 21, 24 und 25, das sind Briefe und Nr. 26, ein Päckchen mit Krawatte und Geld, letzteres ist am gleichen Tage wieder abgegangen, hoffentlich hast Du inzwischen alles erhalten. Die Briefe Nr. 10 und 13 und eine Karte, die ich in der Elektrischen am 14.12. geschrieben

habe, haben sich wohl bis jetzt auch nicht einge-
funden?

Heute über die Büchse waren wir ja ganz
überrascht, so etwas gibt es hier überhaupt nicht.
In den nächsten Tagen werden wir Dir ein Zigarettenetui schicken (bis jetzt hatten wir noch keine
Anfrage danach), nach einer Geldbörse müssen wir
mal nachsehen, haben wir eine, bekommst Du eine.
Von den Tuschkästen ist natürlich nichts mehr zu
sehen, die konnten alles gebrauchen, oder es wurde
entzwei gemacht, wie Deine Spielsachen. Es ist ja
möglich, dass noch etwas oben zwischen Deinen
Sachen ist, das haben wir damals im großen sor-
tiert, Bilder, Briefe, Bücher, Zeitungen, usw. usw.,
ich habe heute gerade mal meinen Knopf- und
Bänderkasten mal vorgenommen, fange an, ein
wenig Ordnung zu machen. Man kommt auch wenig dazu, weil man mit Flicken und Stopfen und
Kochen den ganzen Tag zu tun hat. Die guten Sachen sind fort, und das alte muss dauernd gestopft
werden. Nun habe ich auch schon mehrere Paar
Strümpfe angestrickt, so dass es damit geht, natürlich altes aufgetrennt und wieder gestrickt, denn
neue Wolle gibt es ja nicht und so geht es mit allem. Aber das macht ja nichts, ich werde schon
noch durchkommen, muss mich nur noch ranhalten,
denn Du weißt ja, sobald das Wetter warm wird,
geht es in den Garten arbeiten.

Wir kennen leider keinen Eisenbahner, ich
dachte nur, weil Dich doch wohl Weihnachten einer mitnehmen wollte, dass Du da Bekanntschaft
hast. Na ich denke, Ende Februar werde ich es

———

doch mal versuchen zu kommen, vielleicht wird das Fahren mal etwas erleichtert. Über die Schule schrieb ich Dir ja ausführlich. Zur Prüfung wirst Du Dich ja wohl vorbereiten müssen, denn es ist ja schon lange her, dass Du Dich mit solchen Sachen beschäftigt hast, nicht?

Ich freue mich, dass Du Dir Filzstiefel besorgen konntest, denn mit Deinen Füßen hast Du doch bestimmt leicht Wunden, und bei der Arbeit draußen ist es ja auch sehr kalt. Dass Du Dir einen Anzug angeschafft hast, wussten wir noch nicht, hattest Du jedenfalls in Nr. 35 berichtet, ist ja schön, wenn Du ein Stück wieder hast, wirst noch berichten, ob Du ihn ändern lässt oder umtauschst. Ist Dir denn der Kalender recht? Ich hoffe, dass Du ihn (Päckchen 26) schon in Händen hast. Vati meint auch, ehe hier nicht eine Änderung eingetreten ist, sollst Du lieber nicht hierher kommen, besser ist, Du gehst dort zur Schule, das lässt sich nachher auch leicht ändern, dass Du die Schule wechselst. Wir wollen abwarten, was sich in nächster Zeit hier tut. Sobald ich den Anmeldeschein von der Schule erhalte, schicke ich ihn Dir oder wenn es geht, melden wir Dich an, denn die Prüfung gilt ja auch für alle Schulen.

Hatte ich dem Päckchen und Brief gleiche Nummern gegeben? Du schriebst beides Nr. 27, welches Datum ist der Brief? Bis jetzt ist Marbod an der Bahn, ist sogar schon Inspektor, er hat ziemlich viel Dienst, oft Nachtdienst, schreiben könnte er Dir schon mal, er ist aber ziemlich *schreibfaul und dann kümmert er sich viel um die Wirtschaft, da vergeht die Zeit.*

Gute Nacht, bleib gesund, sei vielmals gegrüßt und geküsst von Deinen

Eltern

Hennigsdorf, 25.1.46

Mein lieber Junge!

Heute können wir Dir nun wieder Post bestätigen und zwar Brief Nr. 35 und 42, ersterer ist ziemlich lange gelaufen, während Nr. 42 doch recht schnell hier war. Wir freuen uns, dass Du unsere Post auch schnell erhältst. Die blaue Krawatte ist doch schön, bin ich nett, dass ich sie Dir abgetreten habe, hast doch einen netten Vati. Einen Taschenkalender habe ich noch in Berlin ergattert. Mit Tuschkasten ist es aber schlecht bestellt. Günther Wagner darf aus Hannover noch nicht nach hier liefern. Ich glaube bestimmt, Du bekommst in Braunschweig solche Sachen noch eher. Da war früher ein großes Papierwarengeschäft am Kohlmarkt Storich und dann am Altstadtmarkt Sievers. Einen Bleistift und einen Zirkel habe ich auch schon für Dich.

Mutti wird in der nächsten Woche wegen der Bücher nochmals sehen. Ich habe von mir zwei Bücher herausgesucht, die ich nicht mehr brauche, vielleicht erreicht man durch Tausch etwas. Knöpfe für den Anzug haben wir von einem braunen Anzug von Opa, den ich im Garten anziehe, abgeschnitten, da kamen schwarze heraus. Mein altes Zigarettenetui haben wir noch nicht gefunden, vielleicht ist es noch im Garten, sonst haben es auch die Russen, ich hatte ja nur das Lederetui von der AEG. Die Geldbörse hast Du hoffentlich inzwischen erhalten, die kommt noch von Opa, ich habe sie nur etwas geputzt, ist sonst aber noch gut.

Fausthandschuhe habe ich im November gekauft, es sind welche von der Wehrmacht, innen Leder, außen Segeltuch und gefüttert mit langer Manschette, ich will morgen mal schauen, ob ich noch ein Paar bekomme, ich wollte sie für den Garten haben, wenn ich keine mehr bekomme, erhältst Du diese, sind wohl für Dich nur etwas klein, kannst keine anderen Handschuhe unterziehen. Bis heute habe ich mein Büro noch nicht eröffnen können, mein jetziger Chef, Herr Löffler, ein alter Herr von 67 Jahren, möchte mich nicht fortlassen. Wenigstens nicht vor März. Herr Gansel ist der frühere Vertreter vom Baumeister Lippenheide, ein älterer Kollege, hatte früher die Lokmontage, habe nun ganz gute Nummer bei ihm, es geht auch sehr kollegial zu.

Was nun die Schule betrifft, stehe ich nach wie vor auf dem Standpunkt, Du bleibst im dortigen Gebiet, so schön es wäre und so gern wie wir Dich hier hätten, es geht uns um Deine Sicherheit. Von Prüfrock haben wir nichts mehr gehört, aber hier ist er nicht. Angemeldet haben wir Dich nicht, aber Mutti hat Dir darüber schon ausführlich geschrieben. Die Prüfungsordnung hat Mutti auch mitgebracht. Ich hoffe ja, dass im Frühling die Reisebeschränkung aufgehoben wird und wir dann nach dort kommen können, das wird aber eine Freude geben. Wir sind schon immer glücklich, wenn wir von unserem Jungen Post haben.

So, ich glaube, ich habe genug gequatscht, Mutti will auch noch schreiben, da hast Du ja dann zu lesen. Es grüßt und küsst Dich nochmals recht herzlich Dein

Vati

<u>Nr. 33/34</u>

H., d. 26.1.46

Lieber Eberhard!

Nun haben wir den Brief Nr. 35 auch noch erhalten, nun ist einschließlich Nr. 42 alles da, wir danken Dir herzlich, die Freude ist immer groß, wenn Post kommt.

Wir waren heute Nachmittag im Garten und haben auch das Zigarettenetui dort gefunden, Du bekommst es hier mitgeschickt. Wir haben da noch ein Stündchen bei Pechmanns geplaudert, haben uns von ihnen noch zehn Pfund Kartoffeln geborgt, weil unsere alle sind, es ist schon schlimm. Deinen Brief haben sie auch erhalten und sich darüber gefreut. Hoffentlich bekommen Sie bald mal wieder Nachricht, denn diese war ja schon vom September. Tante Martha wird Dir wohl alles Wissenswerte in ihrem Brief mitgeteilt haben. Neue Handschuhe hat Vati nicht mehr bekommen, also sendet er

Dir seine, hoffentlich kannst Du sie gebrauchen. Ich schicke Dir dennoch die Handschuhe ohne Finger mit, die ich seinerzeit gestrickt habe, die kannst Du bestimmt unterziehen, eventuell auch wenn es nicht mehr ganz so kalt ist, zum Schutz der Hände tragen, es ist dann immer der Puls warm. Knöpfe für Deinen Anzug senden wir Dir auch mit, hoffentlich gefallen sie Dir. Dass der Anzug Deinem so ähnlich ist, ist ja drollig, wenn Du einen dunklen bekommen könntest, wäre es natürlich noch schöner, da Dein schwarzer fort ist. Du fragst, wie man die Größen misst, ja weißt Du, das kann ich Dir auch nicht sagen, das hatte man doch früher nicht nötig, das sahen die Verkäufer gleich, wenn man ins Geschäft kam, kann Dir denn da nicht mal jemand Auskunft geben? Hemden richten sich nach der Halsweite, ich habe ja nun keine Ahnung, wie stark Du geworden bist, ich schätze, dass Du 40 Kragenweite brauchst. Unterwäsche wohl Größe 5. Ich dachte, zum Mantel nehmen wir die große Decke, die Du mitgebracht hast, die ist gerettet, wenn wir nichts anderes bekommen. Deine Pullover sind auch noch da, einen trägt Vati, weil seiner fort ist, dann ist ein weißer ärmelloser hiergeblieben, ist aber keine gute Wolle und dann Dein roter, der Dir aber wohl zu klein ist, den stricke ich mal um. Der blaue, wo ich die Ärmel neu angestrickt habe, ist mit fort. Wir freuen uns, dass für Euch verhältnismäßig ganz gut gesorgt wird, hier ist es glaube ich nicht so, jetzt haben sie Mützen verkauft, aber auch nur auf Schein, so ähnliche Form wie Schirmmützen, kostet das Stück 6,50 M, ganz leichte Dinger, ich fand es sehr teuer und Fausthandschuhe (auch auf Schein), ganz mieser Stoff, für 11,50 M.

Deine Tuschkästen sind nicht mehr da, ich habe alles nachgesehen, es ist reichlich aufgeräumt worden bei uns.

Über die Schule hatte ich Dir ja ausführlich in Nr. 31 (glaube ich) oder 28 geschrieben, heute erhielten wir nun den Anmeldungsschein, ich sende ihn Dir mit. Das ist aber anscheinend noch altes Formular, denn nach deutschblütiger Abstammung fragt man heute auch nicht mehr. Wir denken, es ist am besten, Du schickst ihn ausgefüllt wieder her und ich gehe dann selbst mit hin, nehme dann die Unterlagen mit und höre, wie es ist. Da, wie mir die Dame sagte, das Sommersemester schon überfüllt ist, brauchst Du das infrage kommende Semester nicht ausfüllen, das würde ich dann tun und wovon Du keine Daten hast, füllen wir auch aus, ich schreibe Dir noch einige Daten auf. Gleichzeitig schreibe ich heute an Frau Bollmann, mal sehen, was die mir antwortet. Ich erkundige mich heute auf dem Amt, also mit dem Flüchtlingszug könnte ich wohl fahren, aber zurück die Züge werden noch immer vielfach belästigt und man wird alles los, natürlich kann man auch Glück haben, ich möchte dann nur noch wärmeres Wetter abwarten, denn wenn man unterwegs in der Kälte liegen bleiben muss, kann man sich doch zu leicht was wegholen und das möchte man doch nicht, bei unserem geschwächten unterernährten Zustand ist das gefährlich.

———

119

Unsere Post ist ja größtenteils auch angekommen, es fehlt wohl nur Nr. 21 und 25, zwei Briefe, vielleicht sind sie aber auch dort.

Mit den Kolumbiaflocken hast Du Dich undeutlich ausgedrückt, musst Du nun doppelte Marken geben oder bekommst Du die doppelte Menge, Deinem Brief nach kommt das erstere infrage. Aber das ist auch gleich, ich habe ja keinerlei Extrawünsche, bin froh wenn Du was schickst, was ist mir ganz gleich, ob es Mehl, Grütze oder sogar Roggenkörner sind, die Hauptsache, man kann eine Suppe davon kochen, wir freuen uns über alles, die Hauptsache, Du entbehrst nicht zu viel durch Dein Schicken, aber Du schriebst ja, dass das nicht der Fall ist.

Ebenso waren wir erfreut über das Brot, wie gesagt, es ist hier ebenso knapp, wir können uns ohne Hilfe von außen nicht satt essen, wenn wir wenigstens die Berliner Karten hätten, dann ginge es eher. Also mache Dir keine Sorgen, was Du uns schicken sollst, es ist uns eins so lieb wie das andere und wenn Du für einen einigermaßen erschwinglichen Preis kaufen kannst, dann tue es bitte. Die Büchse mit der Würze hat mich gar nicht enttäuscht, denn damit gebe ich jedem Essen einen guten kräftigen Geschmack. Von dem Corned beef habe ich uns mehrmals Brutaufstrich gemacht, d.h. mit Mehl und wenig Fett und Zwiebel verlängert, dann hat man doch was fürs Brot.

Wir haben es in unserer Ecke hier wunderschön warm und gemütlich, aber ich nehme Dich bei den Ohren, von wegen dem Umräumen. Wir

———

schrieben Dir doch früher schon mal, dass Vati einen Tisch 70/70 gebaut hat, in der Höhe zu den Sesseln passend und jetzt hat er sich noch eine Ofenbank gemacht, das ist sein Platz die Ecke sieht nun so aus:

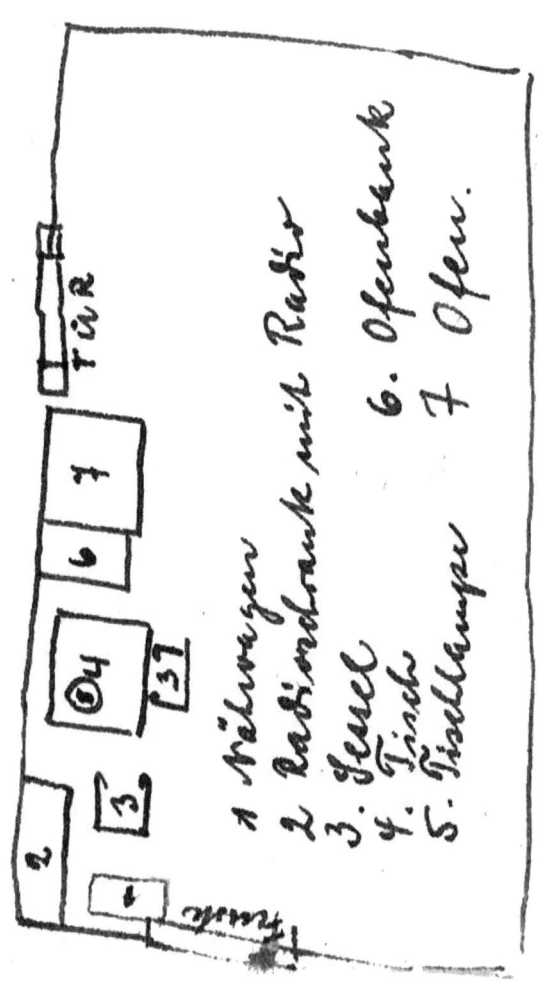

1. Nähmaschen
2. Radioschrank mit Radio
3. Sessel
4. Tisch
5. Tischlampe
6. Ofenbank
7. Ofen.

Da unser Ofen wenig Feuerung braucht, kommen wir einigermaßen hin, es wird ja hoffentlich nicht zu lange so kalt bleiben. Unseren Radio haben wir gleich zu Anfang abgeben müssen, haben ihn aber nach einigen Wochen, allerdings entzwei, wieder bekommen und ohne Zuleitung. Der zweite Lautsprecher ist fort. Ein Bekannter hat ihn wieder in Ordnung gebracht. Die großen Super 7 sind aber fast alle einbehalten worden, ebenso haben die Pgs. ihren nicht wieder bekommen. Wenn Du mal irgendetwas hast, was viel zu flicken oder zu stopfen ist, müsstest Du es mir schicken, ich mache es ganz und schicke es Dir wieder.

Die Prüfungsordnung der Schule hatte ich mir auch geben lassen, Du hättest Dir also nicht die Mühe machen brauchen, alles aufzuschreiben. Ich nehme auch an, dass Du alles erst mal wieder auffrischen musst. Wenn bis zum Frühjahr hier noch keine Änderung eingetreten ist, wäre ich ja auch wie Vati dafür, dass Du eine dortige Schule besuchst. Ich hoffe, dass ich Dir über die Schule alles mitgeteilt habe und dass Du im Bilde bist. Augenblicklich ist es ja auch sehr kalt, immer nachts um die -10 °C und am Tage etwas weniger, dazu aber immer Ostwind.

Nun aber wirklich Schluss, sonst zankst Du doch noch. Gute Nacht, sei innig gegrüßt und geküsst von Deiner

Mutti

N.S.: Die Strickhandschuhe wogen über, sie gehen extra als 34.

Hennigsdorf, 29.1.46

Mein lieber Eberhard!

Gestern erhielten wir Deine drei gewöhnlichen Päckchen Nr. 45, 46 und 47, welche ganz tadellos hier eintrafen, sie lösten natürlich wieder große Freude aus und danken wir Dir herzlich. Nr. 43 und 44 sind wohl Briefe, die wir ja wohl auch in den nächsten Tagen erhalten werden, denn die Päckchen sind doch extra schnell gegangen. Der Gries ist wundervoll, ich habe uns (Tante Lisa kam gestern) heute zum Mittag eine Suppe davon gekocht, aber prima. Hier gibt es überhaupt keinen Gries, auch in Berlin nicht. Also es ist, wie ich Dir schon schrieb, ganz gleich, was Du schickst, bloß ich denke immer, wenn Du das alles nur von Deinen Marken nimmst, hast Du doch zu wenig, darum sieh nur zu, dass Du was kaufen kannst. Habe Dir in das Päckchen Nr. 34 vom Sonntag auch noch 20,- M wieder beigelegt, sieh mal, es ist ja die Hauptsache, dass wir jetzt die schlechte Zeit durchhalten und hier sind doch die Preise zu hoch. Ich hatte Dir ja nun alles ausführlich geschrieben, solltest Du an Fett kommen, so kannst Du ruhig Geld dafür anlegen, wir schicken es dann sofort.

Das Wetter ist heute hier recht unangenehm, es ist etwas wärmer, nun schneit es und taut gleich-

*zeitig. Wenn ihr dabei auf dem Bau stehen müsst,
macht das bestimmt keinen Spaß. Hoffentlich kommen die Handschuhe recht bald an, damit Du nicht
so an den Fingern frierst.*

*Nun zu einer anderen Sache. Tante Lisa kam
und sagte uns, dass eine Bekannte, eine Frau Koch
aus Miersdorf, welche in dem neuerrichteten Kon-
sum[43] wohl obenan steht, in der nächsten Woche
mit russischer Erlaubnis nach Holstein fährt, um
dort einzukaufen (mit Auto). Nun ist es möglich,
dass sie auch über Braunschweig kommt und dass
sie uns dann Kartoffeln mitbringen würde, das wäre doch sehr schön, wenn es vorläufig ein halbes
Zentner ist, denn man weiß ja nicht, wie viel Platz
sie hat. Von Miersdorf aus kann man sie ja dann
leichter hierher schaffen. Das Fleisch gib man aber
nicht mit, denn man weiß ja nicht, ob sie trotz ihres
Ausweises unangefochten hierher kommt, wir
kommen jedoch, wenn das Wetter besser wird, bestimmt rüber.*

*Habe nun auch an Frau Bollmann geschrie-
ben, bin neugierig, was sie antwortet. Einen Sack
kannst Du hoffentlich noch mitschicken, ich denke,
er wiegt nicht mehr als ein Pfund, dann sende ich
Ihn gleich zurück, aber vielleicht gebe ich auch
Tante Lisa einen mit, den Frau Koch mitnehmen*

---

[43] Nach dem Zweiten Weltkrieg wurde am 18. Dezember 1945 durch den
Befehl Nr. 176 der Sowjetischen Militäradministration (SMAD) die Wieder-
herstellung der *Konsum-Genossenschaften* in der Sowjetischen Besatzungszone genehmigt. Der *Verband Deutscher Konsumgenossenschaften* (VDK)
hatte dabei die Aufgabe bekommen, mit Hilfe von verschiedenen Versor-
gungseinrichtungen die Versorgung der Bevölkerung zu unterstützen und
dabei günstige Einkaufspreise zu bieten.

kann, aber genau kann man das ja nicht bestimmen, denn man weiß nicht, wie das ganze aufgezogen wird. Am besten wäre es, wenn der Sack fertig da stünde, vielleicht mit einem Pappschild mit Tante Lisas Namen und Adresse, dann könnte das auch Deine Wirtin, wenn Du nicht da bist, herausgeben. Ich werde auch noch eine Karte mit ein paar Zeilen mitgeben, damit ihr wisst, dass es richtig ist. Es ist natürlich alles noch nicht sicher, aber man muss ja jede Möglichkeit versuchen. Es wäre für uns wunderbar, wenn wir Kartoffeln bekommen würden, dass man wieder etwas Vorrat hat.

Sie haben doch über den Interzonenverkehr verhandelt, ich bin neugierig, was dabei herauskommt. Wenn sie Frachtgut zuließen, wäre es ja schön. Der Päckchenverkehr von den anderen Zonen ist ja sehr stark angeschwollen, wir waren mit die ersten und jetzt reichen die Briefträger nicht aus, wir müssen alles von der Post holen, manche bekommen 10-12 Päckchen auf einmal.

Soeben hat der Postbote wieder einen Zettel durchgesteckt, dass wir drei Päckchen abholen sollen, sind von Dir noch welche unterwegs, dann werden es die sein, nun ist allerdings auch möglich, dass mir Tante Frieda Brot schickt. Ich werde mir eine Karte mitnehmen und wenn sie von Dir sind, schreibe ich sie gleich auf der Post, dann weißt Du Bescheid. Man freut sich ja, wenn alles ankommt, und ich kann dann gleich futtern. Soll ich Dir denn die Kistchen zurückschicken, auch wenn ich nichts eintun kann? Oder gibt es die dort genügend? Also die Kolumbiaflocken gibt es in doppelter Menge, *das ist ja schön, die schmecken sehr gut. Für heute nun will ich schließen, viele innige Grüße und Küsse auch von Tante Lisa, Deine*

Mutti

N.S.: Das Trockengemüse war auch tadellos, grüne Bohnen von frischen nicht zu unterscheiden.

Nr. 37

Hennigsdorf, den 1. Februar 1946
Mein lieber Eberhard!

Heute will ich Dir nun wieder einen Brief senden, gestern erhielten wir Deinen lieben langen Brief vom 27.1., Nr. 49, habe vielen Dank dafür. Wir haben noch nachträglich einen Schreck bekommen als wir lasen, dass ihr mit dem Auto Euch überschlagen habt, aber zum Glück bist Du ja aus allem schlimmen gut herausgekommen, wir wollen hoffen, dass der Himmel Dich auch weiterhin bewahrt. Hast Du Dich schon gemeldet und geht alles gut, wir wünschen es von Herzen, man macht sich gleich immer Sorgen.

Dass wir die restlichen drei Päckchen auch erhalten haben, schrieb ich Dir schon in der Karte Nr. 36, es handelte sich um die Nr. 43, 44 und 48, so dass nun alles bis einschließlich Nr. 49 hier ist.

Über die sechs Päckchen haben wir uns sehr gefreut, es ist alles sehr schön, besonders der Gries. Wir hatten von einer Frau, die bei Frau

Rehfeld wohnte und in die englische Zone gefahren ist, die Milchkarte für drei Tage bekommen und da hat Frau Rehfeld mir die Hälfte (¼ Liter) abgegeben, da habe ich uns drei Tage Griespudding gekocht, das war etwas herrliches, zwei Tage war Tante Lisa noch hier, da hat sie mit prassen können. Sie ist auch so glücklich, dass Du so an uns denkst und freut sich, wenn es uns etwas besser geht. Wo sie kann, sorgt sie auch für uns, leider ist in Miersdorf die Versorgungslage ebenso schlecht wie hier.

Wenn wir Berliner Zuteilung hätten, dann ginge es, hier hat aber ein Arbeiter nur ein Drittel Fleisch und Fett und Nährmittel, es ist traurig, dass es nicht überall egal ist.

Osthavelland ist besonders schlecht, in manchen Gegenden ist es etwas besser. Jetzt geben sie sich aber wenigstens Mühe uns das zu geben, was auf dem Papier steht, es haben sich wohl zu viele beschwert und es war ja auch schlimm, hier können es im Aussehen viele mit den Indern aufnehmen. Wir sehen ja im Gesicht etwas besser aus, aber an dem Körper kannst Du noch anatomische Studien machen.

Heute hat uns Vati wieder mal ein Brot mitgebracht, 65,- M, damit wir eine Schnitte mehr essen können. Ich lege hier auch wieder 10,- M bei, damit Du immer etwas hast. Du meinst, dass wir in den Päckchen schon längere Briefe erwarten, mein Junge, dass nun wirklich nicht. Im Gegenteil, Tante Lisa staunt über Deinen Fleiß, dass in jedem Päckchen ein Zettel beiliegt. Wir müssen Dir das Zeug-

nis ausstellen, dass Du sehr fleißig bist. Wir sind ja nun nur noch auf Deine weiteren Erlebnisse gespannt. Hier bei uns bleibt alles wie es ist, es ist keinerlei Veränderung zu bemerken, leider. Es wäre schön gewesen, trotzdem wir ja jetzt nicht weiter klagen können, es geht alles schnell und anständig zu, aber wir haben ja auch genug hinter uns. Der Bäcker Walter ist wieder zu Haus, sie konnten ihm wohl nichts nachweisen. Die Adresse von Herrn Radung ist: Gastwirt R., Berlin S. W. 47, Kreuzberger Straße 15. Wenn ich mal in der Gegend bin, werde ich mal mit hingehen und hören, ob er schon da ist, sie hatten ihn erwartet. Hoffentlich bekommt Frau Heise recht bald gute Nachricht.

Nun zu der Essigflasche, habe ich Dir denn das in meinem Brief nicht deutlich genug auseinandergesetzt? Ich schrieb doch, dass das eine Essigessenzflasche ist, die Du gegen eine neue eintauschen solltest, falls es so etwas dort gibt. Zum Nachfüllen ist die nicht, die wird in den Fabriken wohl unter Druck gefüllt und man verwendet den Inhalt nur tropfenweise. Gewöhnlicher Essig würde in solchen Fläschchen kaum lohnen zu schicken. Anscheinend ist das aber dort unbekannt, wenn es auch Deine Kaufmannsfrau nicht weiß. Dann lass man, damit brauchst Du Dich nicht zu quälen.

Weißt Du, mit den freien Märkten ist das auch solche Sache, einesteils gibt es nur die Einwohner des Ortes, wo der Markt stattfindet und teils ist wohl lebensgefährliches Gedränge und teils so wenig, dass es gar nicht lohnt. Denn man kann es sich ja denken, wenn die Ernährung zu knapp ist, dass der schwarze Markt trotz Razzien nach und nach blüht, dann würde doch jeder dort kaufen. Ich will also mal versuchen, zu einem Markt zu fahren, es ist ja nun auch mit dem Fahren überall so umständlich und kalt. Allerdings heute ist es nicht mehr gefroren, dafür regnet es aber. Man hofft nun aber doch, dass das Schlimmste des Winters überstanden ist, nun noch der Februar und dann kann ja nichts mehr den Frühling aufhalten, hoffentlich erleben auch wir dann den Frühling unseres Vaterlandes, dass wir alle endlich ruhige und friedliche Zeit bekommen. Morgen werde ich die Kartons und Tüten zurücksenden, sag mal, Erbsen und Bohnen gibt es dort auch nicht frei? Wir legen Dir auch noch einen Ausschnitt aus der Zeitung mit ein über die Bauschule.

Für heute wäre das wohl alles, wir wollen nachher Baden, ich will morgen mal zum Arzt, ich möchte gern ein Attest[44] für Milch, werde aber gewiss kein Glück haben.

Nun mein lieber, lieber Junge, hoffe ich, dass es Dir gut geht und dass alles in Ordnung ist, lebe wohl für heute, sei lediglich gegrüßt und geküsst von Deiner

Mutti und Vati

---

[44] Manchmal war es möglich, sich eine Mangelerscheinung, zum Beispiel Kalziummangel, attestieren zu lassen, um bei den Lebensmittelzuteilungen etwas mehr zu bekommen, dies musste aber durch einen Arzt geschehen und plausibel erklärbar sein.

N.S.: Passen denn die Knöpfe zum Anzug oder hast Du ihn doch eintauschen können? Am 24. hatten Krohnes Hochzeitstag, schon vier Jahre Krieg. Am 13.2. hat Marbod Geburtstag und am 10.3. Ulf, Dein Patenkind. Deine Post ist doch verhältnismäßig rasch gegangen.

Nr. 38

Hennigsdorf, den 5. Febr. 1946

Mein lieber Eberhard!

Damit keine Lücke in unserer Verbindung eintritt, will ich Dir heute schreiben, trotzdem ich Post von Dir nicht bestätigen kann. Der letzte Brief war Nr. 49 vom 27.1., welchen wir am 31.1. erhielten, er ist ja sehr schnell gegangen. Hoffentlich geht es Dir aber vor allen Dingen gut und hast Du Dich gemeldet und das hatte keine Weiterungen, darüber haben wir etwas Sorge, aber es wird ja wohl alles gut gehen.

Das Wetter ist ja im Augenblick komisch, es sind 5-10 °C über Null und es gießt täglich, besonders nachts. In unserer Regenrinne ist gerade zwischen unseren Fenstern ein Loch von einem Flaksplitter und nun kommt da ein Strahl herunter, als ob man die Wasserleitung aufdrehte, ich muss mal sehen, wenn mal die Sonne scheint, ob ich es nicht verstopfen kann, denn wenn man es auch meldet, gemacht werden solche Kleinigkeiten trotzdem nicht. Sonst hat sich hier an unseren Verhältnissen noch nichts verändert und ich glaube auch nicht mehr daran. Wir müssen es ertragen. Auch mit der Verpflegung ist es bei uns nach wie vor mies, wir haben noch nie Marmelade bekommen, geschmiertes Brot kennen wir gar nicht mehr. Furchtbar viele Menschen sind krank, haben Wasser, sieht schon gut aus und alles ist aufgeschwemmt, das macht die fehlende Kraftnahrung, die ewigen Wassersuppen, wo soll das hin?

Denke mal, Herr Kleffner, Du weißt doch, die das elegante Haus da zwischen 400 Wohnungen haben, ist auch Ende Januar gestorben, hatte Leberentzündung und auch Wasser, 10½ Liter Wasser haben sie ihm abgenommen auf einmal, aber es sammelt sich ja immer von neuem. Die Ellen Funk, Du kennst sie wohl auch, hat auch Wasser, die hat vierzig Pfund zugenommen, ist auch schon wochenlang in der Charité gewesen. Es ist schlimm, wohin unser schönes Deutschland gekommen ist. Ob wir noch mal eine bessere, wenn auch nicht mal eine gute, Zeit erleben werden?

Weißt Du, wenn man mal gemütlich beisammen sitzt, dann dreht sich innerhalb von fünf Minuten das Gespräch um das Essen, was man alles essen würde, wenn...! Wenn es mal wieder besser wird, werden wir wohl eine Nation des guten Essens werden, wir wollen lieber auf einen Teppich verzichten. Vati fährt heute nach Berlin zum Dentisten, er lässt sich die unteren Zähne machen, da wird er den Brief in Berlin einstecken. Jetzt fährt die Bahn von Heiligensee wieder in den Tunnel Stettiner Bahnhof, bis jetzt fuhr sie von und bis zum Stettiner Fernbahnhof. Wenn es nur erst wieder

———

über unsere Brücke gehen würde, aber das wird wohl noch lange dauern. Im anderen Brief schrieb ich, dass vielleicht jemand kommt und uns Kartoffeln von Dir mitnehmen will, ich weiß nicht, ob sie schon unterwegs ist. Viele Grüße und Küsse, Deine

Eltern

<u>Nr. 39</u>

H., d. 7.2.46

Mein lieber Eberhard!

Soeben die Nachricht erhalten, dass ich ein Einschreibepäckchen abholen soll, gestern haben wir drei gewöhnliche, Nr. 53, 54 und 55, erhalten, mit Mostrich usw., Gries und Nudeln, es ist alles tadellos angekommen, nur der Nudelkarton war etwas beschädigt, war von der Post noch mal eingewickelt. Habe für alles vielen Dank, es kommt immer wie gerufen.

Heute sende ich Dir nun Verpackung zurück und Deinen dünnen Schal, wenn es nicht mehr so sehr kalt ist, möchtest Du diesen vielleicht lieber umbinden. Einige Bogen Schreibpapier lege ich auch bei, ich muss erst mal wieder versuchen neues zu bekommen, wir hatten so viel, aber auch dabei haben sie uns „geholfen", eine ganz große neue Mappe war unter anderem auch mit fort.

Vati ist heute wieder zum Dentisten nach Berlin, ich muss noch zu Schietinger, ein Zentner Kali holen, muss aber erst im Garten einen Papiersack *holen, also recht umständlich, daher will ich mich kurz fassen, ich schreibe dann ausführlicher, wenn ich das Einschreibepäckchen bestätige. Da Du wohl zwei oder drei abgeschickt hast, werden die restlichen gewiss in den nächsten Tagen kommen.*

Solltest Du mal wieder Mehl kaufen können, wäre es mir auch sehr lieb, ich dachte immer, Tante Frieda würde mir öfter Brot/Mehl senden, aber das macht ihr gewiss zu viel Arbeit, einmal am 14.1. haben Sie uns ein Stückchen Brot 350 g gesendet, sie denken jedenfalls an uns, das sehen wir uns jeden Tag an, dann hält es lange und das macht auch satt.

Ja Junge, wenn wir Dich nicht hätten, dann wären wir bestimmt schon bald verhungert. Man hofft von Woche zu Woche, dass es besser wird, aber immer vergeblich. Leider ändert sich auch so nichts, es ist eine rechte Not. Aber wir hoffen weiter. Für heute, mein lieber Junge, will ich schließen, mit vielem Dank und sei nicht böse, dass ich nicht was Nettes einlege, aber ich habe nichts, dass ich backen könnte. Unseren Zucker haben wir auch noch nicht bekommen, der von Dir hat uns richtig gelabt. Vielleicht kannst Du nochmals Süßstoff bekommen.

Viele herzliche Grüße und Küsse, Deine

Eltern

<u>Nr. 40</u>

7.2.46

Lieber Eberhard!

Mit gleicher Post sende ich die Verpackung zurück, leider kann ich Dir nichts schicken. Deine Päckchen 53, 54 und 55 sind gestern gekommen, heute ist ein Einschreiben gemeldet, das will ich gleich holen. Sonst gibt es hier nichts Neues, mehr zu essen haben wir noch nicht. Die Berliner bekommen 400 g Brot, wir müssen noch immer mit 200 g auskommen und keine Marmelade bis jetzt, hoffen wir, dass es mal besser wird. Das Wetter ist verhältnismäßig warm, die Hauptsache ist, der Frost kommt nicht später noch nach, man könnte schon bald im Garten arbeiten.

Viele Grüße, Deine

Eltern

<u>Nr. 41</u>

Hennigsdorf, 10.2.46

Mein lieber Junge!

Es ist einmal wieder Sonntag, bis jetzt habe ich gebastelt, erst die Fensterverschlüsse im Keller angebracht und nachmittags Absätze unter meinen Schaftstiefeln gerade gemacht. Es müssen nämlich am Montag, bis zum 15.2., feindliche Schutzgräben, die im Werk angelegt waren, zugeschüttet werden. Wir haben am Sonnabend schon schippen

———

müssen, es regnete aber zu stark, da konnten wir um ½ 11 Uhr aufhören.

Nun können wir Dir noch das Päckchen Nr. 51 bestätigen, Nr. 50 fehlt noch. Wir warten auch schon auf einen Brief von Dir, wir hoffen aber, dass wir morgen etwas erhalten. Da Du Schreibpapiermangel hast, habe ich Dir einige Briefumschläge und Bögen angefertigt, damit Du wieder schreiben kannst. Seit Freitag ist Tante Lisa hier, wird morgen wieder fahren. Was wirst Du denn heute gemacht haben? Hast Du nun schon etwas Anschluss? Hast Du Dir den Anzug schon umarbeiten lassen oder hast Du ihn vertauscht?

Im Garten habe ich heute nichts getan, es war mir zu kalt, wir hatten nur 2 °C Wärme. Gestern habe ich etwas Kali, ein Zentner, bekommen, da kann man wenigstens etwas in die Erde tun. Unsere Obstbäume haben hier fast alle guten Fruchtblütenbesatz, hoffentlich bekommen wir in der Blütezeit nicht wieder Frost dazwischen und können wir das Obst auch ernten. Heute haben wir die Fleischbüchse aufgemacht, das Päckchen hatten wir am Freitag erhalten, Mutti hat es mit Zwiebel und Mehl etwas verlängert, da haben wir einen Brotaufstrich, haben schon etwas davon gegessen, schmeckt gut.

Wenn man doch nur mal nach dort kommen könnte, man hofft, dass die Grenzen einmal fallen, aber es sieht noch nicht so aus. Wie es heißt, soll unsere Eisenbahnbrücke bis April auch fertig werden, es wird ja jetzt daran gearbeitet, man sagt auch, die Straßenbrücke soll auch wieder in den nächsten Monaten repariert werden, es wird ja Zeit, denn der Weg nach Heiligensee bei Regenwetter ist eine Katastrophe. Neues wüsste ich heute nicht, es sollte nur ein kurzer Sonntagsgruß sein.

Mit vielen herzlichen Grüßen und Küssen, auch von Tante Lisa, Dein

Vati und Mutti

N.S.: Es wird Dich interessieren, August Konrad ist auch tot.

Nr. 42

Hennigsdorf, der 12.2.46

Lieber Eberhard!

Soeben Deinen lieben Brief Nr. 56 erhalten, habe recht herzlichen Dank dafür. Von Deiner Post ist bis auf Nr. 50 alles hier, anscheinend hast Du aber gerade da ausführlich geschrieben und Post bestätigt, denn Du schreibst, dass bis einschließlich Nr. 34 alles dort ist und auf die Päckchen mit den Handschuhen hatten wir bisher keine Bestätigung, hoffen wir, dass Nr. 50 ankommt.

Die fünf Päckchen 51-55 haben wir Dir ja schon bestätigt, es ist immer für uns eine große Freude und Hilfe, wenn etwas zum Essen ankommt, ich weiß auch gar nicht, wie wir uns sonst durchschlagen würden. Dass Du für uns Kartoffeln und Kohlrüben hast, ist ja wundervoll, wenn man sie nur erst herbekommen könnte. Es ist ein Trauer-

spiel mit den Zonen, nie hätte man doch so etwas für möglich gehalten und wie wird alles noch werden? Wenn es irgend möglich ist, komme ich bei etwas wärmerem Wetter. Wenn ich nun komme, was soll ich Dir dann von Deinen Sachen mitbringen? Die schwarze Arbeitshose ist auch noch hier, die war ihnen wohl zu fremd, denn sie haben doch auch alte Hosen von Vati mitgenommen.

Die Adresse von Radung hatte ich ja schon geschrieben, Kreuzbergstraße 15 in Berlin, bin ich noch nicht gewesen, wenn ich reinfahre, gehe ich auf jeden Fall mit heran und erkundige mich.

Mit dem Gilberg hast Du mich wohl falsch verstanden, das Hotel liegt bei Marksburg (ich glaube das ist in Hessen), dorthin hat er geheiratet. Du brauchst aber nicht betrübt zu sein, dass Du noch nichts gefunden hast, Du bist noch jung und jetzt ist es nicht so herrlich einen Hausstand zu gründen, wo noch alles so in der Luft hängt und wir haben ja noch viel mehr von Dir, als wenn Du schon gebunden bist, also reinster Egoismus von Deinen Eltern, aber lass nur, Du wirst schon auch Dein Glück machen.

Von dem Abzug und den Bränden haben wir bis jetzt noch nichts gehört, nur Tante Martha erzählte mir soeben, dass Stettin und Prenzlau brennen sollen, dort waren aber Polen. Es ist alles so schrecklich, auch die armen Ost-Flüchtlinge sind zu bedauern. Nun wird unser restliches Deutschland, was schon die Menschen bisher nicht ernähren konnte, mit den Ausgewiesenen vollgestopft, wo soll da mal ein Aufstieg möglich sein, wir sind zweihundert Jahre zurückgeworfen. Weshalb schneiden sie nun überall Teile von Deutschland ab, können Sie uns denn nun nicht Gelegenheit geben, uns wirklich auf demokratischer Grundlage in die übrige Welt einzugliedern, so ist doch alles wieder schlimm und kein Ende abzusehen. Aber wir wollen doch den Mut nicht sinken lassen, manchmal kommt es schneller anders als man denkt. So wollen wir nur vorläufig auch noch zufrieden sein, wenn wir auch noch nicht zusammen sein können, viele würden gern mit uns tauschen, wir haben noch unsere Post und wissen, wie es geht. Du kannst sogar noch Deine Eltern über die Hungerzeit etwas hinweghelfen.

Aber dass Du uns regelmäßig Fett und Fleisch schickst, können und wollen wir ja gar nicht erwarten, wir freuen uns sehr über jedes Päckchen. Die Nährmittel sind schon wundervoll für uns und ich möchte ja auch nicht, dass Du alles von Dir schickst, deshalb meinte ich ja, ob Du nicht ab und zu was kaufen könntest. Wenn Du jetzt zum Beispiel irgendein Fett besorgen könntest, ganz gleich ob Butter, Margarine, Öl, Schmalz oder Speck, wäre es uns sehr willkommen, denn ich habe nun das letzte Butterschmalz, was ich vor Weihnachten kaufte, verbraucht und 400-500,- M kann ich nun nicht mehr ausgeben, da wir nicht von der Kasse abheben können, aber 100-150 M ginge ja noch an. Na das schrieb ich Dir schon ausführlich. Wenn es natürlich nicht geht, hilft das nichts. Nährmittel zur täglichen Suppe hilft auch schon schön weiter. Wenn sie uns nur etwas Milch geben

---

würden, aber hier ist vollständige Finsternis. Pas-
sen denn die Knöpfe zum Anzug? Ausländer sind ja
wohl gar nicht mehr hier, nur Russen und Zivilrus-
sen.

Vati fährt heute wieder zum Zahnarzt, nimmt
den Brief gleich mit. Unsere Post scheint ziemlich
lange zu gehen. Für heute viele Grüße und Küsse,
Deine Dich liebenden

Eltern

N.S.: Heute gab es dank Deiner Fürsorge Nudel-
suppe zu Mittag, hat geschmeckt. Wir haben ges-
tern unsere letzte Ration Fleisch bekommen, da
habe ich Knochenbrühe gekocht mit Nudeln, fein.
Gibt es in Eurer Zone eigentlich Käse, das ist hier
ein vollständig unbekannter Artikel.

Nr. 43

Hennigsdorf, den 13.2.46

Mein lieber Eberhard!

Heute nur ein paar kurze Zeilen, damit Du nicht so
lange Lesen brauchst. Wie ich gestern schon dach-
te, ist heute Dein lieber Brief Nr. 50 eingetroffen
und ist darin ja alles ausführlich bestätigt bis ein-
schließlich 34, ist ja fein, inzwischen wird ja nun
auch unsere weitere Post dort sein.

Natürlich schreibe ich gern zu Händen Frau
K., das wusste ich ja nicht, dann sparst Du doch
die Wege zur Post, hättest Du es nur eher geschrie-

ben. *Heute erhielten wir nun endlich mal wieder ein Brotpäckchen aus Dessau, die wissen bestimmt nicht, wie schlecht es hier ist, sonst würden sie sich wohl doch öfter die Arbeit machen und an uns denken. Hanna schreibt noch, wie es Dir geht, sie hätten lange, lange nichts von Dir gehört. Wir haben Marbod die Buchtitel für Dich geschrieben, er will sich in Leipzig danach umsehen, hoffentlich hat er Glück. Briefpapier haben wir Dir gestern geschickt. Dass bis Nr. 56 alles hier ist, schrieb ich ja schon.*

Also Schluss, viele innige Grüße und Küsse, auch von Vati, Deine

Mutti

N.S.: Lieber Eberhard! Ich habe doch noch etwas vergessen, auf die Frau, die die Kartoffeln mitbringen sollte, brauchst Du nicht mehr warten, die war schon fort, als Tante Lisa zurück kam, konnte sie die Adresse also nicht mehr mitgeben. Wer weiß, ob es auch überhaupt geklappt hätte. Dann wollte ich Dir noch sagen, ich schrieb so einfach von Fett besorgen, ich weiß ja nicht, ob es überhaupt möglich ist und auf keinen Fall sollst Du Dir womöglich mit Schwarzkauf Unannehmlichkeiten machen, so nötig wir welches brauchen. Wenn es so unter der Hand möglich ist, kommt es uns wie gesagt auf Geld nicht an. Wir senden noch Stalins Rede mit, ich weiß nicht, ob ihr dort sie auch so ausführlich habt. Viele Grüße und Küsse, Mutti.

Nr. 44

Mein lieber Junge!

Post können wir Dir heute nicht bestätigen, obwohl wir heute mit einem Brief von Dir gerechnet haben.

Einen Abzugstein habe ich herausgesucht, ich weiß nicht ob es Dein Stein ist, ich meine es war noch ein dunklerer da. Einen 2-m-Zollstock habe ich nicht mehr gefunden, ich meine aber er ist noch da, muss im Garten noch mal nachsehen, inzwischen senden wir Dir einen 1-m-Zollstock.

Hier ist sehr regnerisches Wetter, war am Nachmittag im Garten, muss da die Bäume beschneiden, ist aber doch recht ungemütlich gewesen. Wenn wir keinen Frost in die Blüte bekommen, dann muss es in diesem Jahr aber recht viel Obst geben, unsere Birnenbäume sitzen unheimlich voll Blüten, es ist direkt eine Freude sie anzusehen. Wenn Du dort Steckzwiebeln siehst, kaufe doch bitte welche, hier sind sie wieder knapp, ebenso soll es hier keine Bohnen und Erbsen geben, wenn Du auch davon welche siehst, kaufe doch auch bitte, Bohnen aber Stangenbohnen.

Ernst Puhlmann ist wieder krank, es ist Typhusverdacht gewesen, heute ist er wieder fieberfrei, sieht aber noch sehr schlecht aus. Krankheiten sind bei unserem Zustand immer gefährlich.

Wie willst Du es denn nun mit der Schule machen? Willst Du nach Berlin kommen? Dadurch, dass sich hier noch nichts geändert hat, möchte ich davon abraten. Nach Berlin glaube ich kaum, dass Du hereinkommst, es kommen doch kaum die herein die in Berlin gewohnt haben, was und wie wir über Hennigsdorf denken, weißt Du ja. Heute war im Büro einer, der früher bei uns gearbeitet hat, der hat sich Urlaub genommen. Er ist von den Engländern in Holsten entlassen und ist jetzt im amerikanisch besetzten Gebiet in Lamberg, hatte sich nach Hennigsdorf abgemeldet, er meldet sich aber hier nicht an, er musste sich auf der Kommandantur melden, sagte er, da fürchtete er, dass er noch in ein russisches Entlassungslager kommt, da meinte er, es könnte vielleicht nicht so schnell gehen. Wenn er nach hier kommt, will er sehen, dass er im englischen Sektor bleibt, hat aber auch früher schon in Berlin gewohnt.

Ich möchte doch vorschlagen, Dein Studium in Holzminden aufzunehmen, wenn auch die Räumlichkeiten, wie Du ja aus dem Zeitungsartikel gesehen hast, noch so unzulänglich sind. Sollen wir Dir nun schon die Sachen für die Schule schicken?

Damit wir recht bald wieder Post bekommen, lege ich auch noch etwas Papier bei, also keine Müdigkeit vorschützen.

Mit vielen herzlichen Grüßen und Küssen, Deine

Eltern

Nr. 45

Mein lieber Eberhard!

Soeben, es ist 1 Uhr, erhalte ich eine Karte der Post, dass ich sechs gewöhnliche Päckchen abholen soll, so kommt Hilfe wieder, wenn sie am nötigsten ist, ich danke Dir von Herzen, denn sie sind ja sicher von Dir. Ich sende Dir diesen Brief eingeschrieben, dann bekommst Du ihn schneller und lege auch gleich noch 10,- M bei.

Von Tante Käthe, die zu Marbods Geburtstag in Dessau war, bekamen wir auch heute einen Brief, dass sie uns ein Brot mitgebracht hat, so kann ich wieder ein wenig ruhiger schlafen. Ist es nicht furchtbar, dass den Menschen nicht das allernötigste nur für das nackte Leben gegeben wird? Wir haben für diesen Monat noch nichts bekommen, nur das Brot, ist das nicht eine traurige Versorgung und es ist niemand da, der sich darum kümmert, es ist zum verzweifeln. Da haben die Leute gesagt, im Kriege sie hungern, was Hunger ist, weiß man erst jetzt. Den ganzen Winter kein Pfund Gemüse, wer nichts dazu hat, ist erledigt. Aber auf die Länge der Zeit wird es ja den andern auch zu viel bloß immer zu helfen und die, die es wirklich dicke haben, sind blind und taub für die Not der Volksgenossen[45].

---

[45] An dieser Stelle zeigt sich, wie tief der Sprachschatz des Dritten Reiches noch in den Köpfen der Deutschen verwurzelt war, denn trotz der Kritik an den Taten der Nationalsozialisten wird ihr Begriff des *„Volksgenossen"* (Angehöriger „deutschen Blutes") hier noch immer benutzt.

Wir wollen nun, wie Vati schon schrieb, Sonnabend, ich habe mir heute eine Reisebescheinigung geholt, nach Dessau, wollte gleich eine nach Braunschweig, aber augenblicklich ist wieder die Grenze gesperrt, da muss man eine Bescheinigung von Euch haben, dass man aufgenommen wird, zum Besuch soll es gar nichts geben. Aber wenn wir aus D. zurückkommen, versuche ich es in Berlin beim englischen Konsulat, mal sehen, was sie dort sagen.

Schlimm habe ich es mir vorgestellt, wenn wir den Krieg verlieren, aber solche Verhältnisse habe ich mir doch nicht ausdenken können, dagegen war es ja 1918 ein Kinderspiel, es war noch alles in Ordnung, kein Mensch hat sich um Reisen, etc. gekümmert, nur das eben dann die Inflation kam, wenn sie nur das heute vermeiden können. Wenn wir erst eine Zentralregierung haben, dann wäre es vielleicht ein wenig besser, aber die Franzosen[46] sträuben sich ja dagegen. Ist es nicht traurig, dass der alte Hass immer wieder neu geschürt wird, statt dass endlich einmal eine wirkliche Ruhe und Befriedung von allen Seiten angestrebt wird?

Hoffentlich erlebt wenigstens ihr noch eine gesunde friedliche und glückliche Zeit, wir haben wohl nicht mehr viel zu hoffen, aber man möchte doch jetzt noch nicht sterben, vielleicht wird es so

---

[46] Tatsächlich waren es die Sowjets, die sich „weigerten" und daraufhin von den Westmächten übergangen wurden! So würden sich also schon bald die *Deutsche Demokratische Republik* auf der Hennigsdorfer Seite, und die *Bundesrepublik Deutschland* auf der Braunschweiger Seite bilden.

auch für uns noch erträglich. Nun lebe wohl, vielen innigen Dank, viele Grüße und Küsse, Deine

Mutti

Nr. 48

Zwischen Belzig + Dessau, 23.2.46

Mein lieber Eberhard!

Wir <u>sitzen</u>[47] nun jetzt im Zuge nach Dessau und haben sogar so viel Platz, dass ich schreiben kann. Post können wir Dir nicht bestätigen, die sechs Päckchen Nr. 58, 59, 60, 61, 62 und 63 haben wir schon bestätigt, es war herrlich für uns, ich habe mich erst mal hingesetzt und geweint, denn ich war wieder ganz am Ende mit unseren Vorräten. Nun konnten wir wieder morgens und abends eine schöne Suppe kochen, ich bin Dir so dankbar.

Vorgestern haben wir nun zwei Päckchen an Dich abgeschickt, eins mit Verpackung gewöhnlich und eins Einschreiben mit Deinen Hosenledern, welche wunderbarerweise noch da waren.

Sag mal, hier in Berlin bekommen Sie statt frischer <u>Trocken</u>kartoffeln, gibt es die dort auch, wenn Du da welche eintauschen könntest, könntest Du uns welche schicken, dann könnte man die Zeit überbrücken. Wir wollten eigentlich heute Morgen um 5.30 Uhr ab Heiligensee nach Wannsee fahren,

---

[47] Da viele Züge ohne Fenster und manche ohne Sitze, aber immer alle hoffnungslos überfüllt waren, verdiente die Tatsache zu sitzen hier eine besondere Erwähnung.

---

aber leider wird der Übergang bei Neubrücke über die Havel erst um ¾ 6 Uhr geöffnet, nachts muss nämlich der Kahn ausgeschert werden, damit die Wasserstraße frei wird, nur dann schafft man es schließlich nicht mehr. So sind wir gestern Abend um 7.30 Uhr zu Michaelis gefahren, haben dort geschlafen und sind heute früh um 6.30 Uhr nach Wannsee gefahren.

Der Zug war wie immer sehr voll, wir hatten Stehplatz nicht zum umdrehen an einer fensterlosen Tür. Unser Zug fuhr dann mit einer Dreiviertel-stunde Verspätung um 8.30 Uhr ab und war um 11 Uhr in Belzig. Hier stand der Zug schon und wir bekamen Sitzplätze und es ist sogar etwas warm und die Fenster alle dicht.

Nun wollen wir mal sehen, was wir bekommen werden. Gern fährt man nicht und bettelt, aber es bleibt einem doch nichts anderes übrig. Ich habe für Ulfi einen reizenden Anzug gearbeitet, Höschen mit ärmelloser Kletterweste und ein Ober-hemdchen, sieht ganz reizend aus, das soll dann gleich ein Geburtstagsgeschenk sein, er wird am 10.3. drei Jahre alt (Onkel Hans hat auch am 10. Geburtstag). Für die Damen habe ich für jede ein Ansteckschleifchen aus Spitze gemacht, mal sehen, ob sie sich freuen. Gibt es eigentlich dort nie Garn oder Seide oder Zwirn frei zu kaufen? Wohl auch nicht. Ich bin nun in meinem Vorrat bald zu Ende, es ist ja lange nichts zugekommen, da geht alles mal zu Ende.

Wie ich am Donnerstag in Berlin war, habe ich ganz Berlin abgelaufen nach Deinen Büchern,

ich habe da noch Glück gehabt und habe das Be-
ton-ABC von Hummel bekommen und die ganzen
Vorschriften für Stahlbetonbau, es ist doch ein An-
fang. Durch die Umschulungen und die vielen Ver-
nichtungen durch Brand, etc. ist es mit den Bü-
chern sehr schwer. Die Hütte 1-3 hätte ich bekom-
men können, aber 175,- M war mir doch etwas viel
und damit kann Dir ja auch Vati aushelfen, er
braucht sie nicht so viel und kann auch im Geschäft
nachschlagen. Marbod wollte sich ja auch in Leip-
zig erkundigen, mal sehen, ob er es getan hat.
Hanna ist auch mit Ulf in Leipzig gewesen zur or-
thopädischen Anstalt, es ist schade, dass es mit dem
Füßchen so ist, er hinkt etwas und kann nicht lange
laufen, sonst ist er ein aufgeweckter und hübscher
Junge, ein blonder Lockenkopf.

Nun sind wir da. Viele innige Grüße und
Küsse, Deine

Eltern

Nr. 49

Hennigsdorf, 26.2.46

Mein lieber Junge!

Wir sind von Dessau wieder zurück, Frau Focke
hatte uns Kartoffeln besorgt, da haben wir 85 Pfund
mitgebracht, war aber eine ganz fiese Schlepperei,
na darüber wird Mutti ja noch ausführlich berichten. Gleichzeitig fanden wir gestern Deinen lieben
Brief Nr. 57 und eine Karte mit der Ankündigung

für fünf Päckchen vor, da war die Freude groß. Heute hat Mutti nun die Päckchen von der Post geholt. Ich danke Dir besonders für die fünf Zigaretten, die Streichhölzer hat Mutti. Ich habe eine Zigarette dann nach dem Essen geraucht, die übrigen vier habe ich Mutti zum Aufbewahren gegeben. Dann bekomme ich sonntags eine zugeteilt. Auch für den Samensatz vielen herzlichen Dank. Erbsen und Stangenbohnen gibt es dort aber wohl auch nicht?

Heute ist nun noch Dein Brief Nr. 64 angekommen, auch dafür herzlichen Dank. Mit dem Hochwasser muss es bei Euch ganz furchtbar gewesen sein, da muss das Wasser doch in die Stadt hereingeflossen sein[48].

Nun will ich heute schließen, wir sind heute noch ganz kaputt und wollen recht bald schlafen gehen. Mutti ist hier am Tisch schon eingeschlafen, hat es sich in beiden Sesseln gemütlich gemacht. Also nochmals recht herzlichen Dank für die Rauchwaren.

Es grüßt und küsst Dich herzlich Dein

Vati

---

[48] Am 9./10. Februar hatte es eine gewaltige Überschwemmung in Braunschweig gegeben.

H., d. 27. 2.46

Mein lieber Junge!

Wie Vati Dir schon schrieb, sind wir aus Dessau wieder glücklich gelandet. Zwar tun uns alle Glieder weh vom Tragen, aber wir sind doch sehr froh, dass wir nun wieder etwas Vorrat haben. Wenn ich nun etwas Zucker und Süßstoff hätte, würde ich Plätzchen backen und Dir welche hinschicken, damit Du auch mal was von zu Hause hast.

Post kann ich Dir nun zu unserer Freude in rauen Mengen bestätigen. Als wir Montagabend ankamen, fanden wir Deinen Brief Nr. 57 und eine Karte der Post vor. Da holte ich dann gestern die fünf Päckchen mit zweimal Kohl, Samen, Essig, Grütze, Speck und Vatis Zigaretten und Streichhölzern. Habe vielen Dank für alles, besonders der Speck ist eine Delikatesse und große Seltenheit für uns.

Dann kam gestern noch Dein lieber Brief Nr. 64 an. Es ist doch merkwürdig, dass auch gewöhnliche Päckchen noch schneller gehen als Briefe, denn die Pakete sind doch vom 19. und am 25. hier und der Brief vom 13. erst am 26. hier. Die Nummer der Päckchen kann ich nicht genau schreiben, Zettel lagen drinnen Nr. 68, 69, 70. Eins war ganz ohne Nachricht (wo der Speck bei war, glaube ich) und das fünfte hatte einen Gruß auf Vatis Zigarettentüte. Du wirst ja aber wissen. Ich denke, es wird Nr. 66, 67, 68, 69 und 70 sein, dann fehlt Nr. 65, der gewiss morgen eintrifft. Den Stoff werde ich

---

schon mal verwenden können, wo hast Du denn den aufgegabelt? Ach so, Essig ist ja auch dabei gewesen, ich sehe, ich hatte ihn ja erwähnt.

Das Hochwasser muss ja furchtbar gewesen sein, wann wird die Welt nur mal wieder eine wirklich friedliche Zeit erleben, noch sieht es nicht rosig aus und ob wir Alten sie überhaupt erleben, ist fraglich, aber man hofft doch, dass wenigstens ihr Jungen es mal gut habt.

Mit gleicher Post sende ich Dir ein paar Zeitungen, das hättest Du doch schon lange schreiben können, dass Zeitungen dort knapp sind, die bekommen wir in Berlin schon. „Der Tagesspiegel" ist amerikanisch, „Der Berliner" ist englisch, „Tägliche Rundschau" ist kommunistisch.

Dass ihr jetzt auch so heruntergesetzt seid, ist ja sehr schlecht und gleich so viel, das macht sich ja kolossal bemerkbar. Wir haben mal wieder keinen Zucker, Marmelade, zweimal Fett und Nährmittel erhalten. Schön ist es in unserem Vaterlande nicht zur Zeit, aber es hilft ja nichts, wir müssen durch, ich finde auch, dass es besonders schlimm für die armen Ausgewiesenen ist, ich finde die Behandlung und die Art, wie man da vorgeht, ja auch nicht getragen vom Geiste der Nächstenliebe und Gerechtigkeit, es ist schauerlich, dass man uns in solche drastischen Zustände geführt hat. Jetzt will ich schließen, damit die Post noch heute mitgeht.

Innige Grüße und Küsse, Deine

Mutti

Hennigsdorf, 2.3.46

Mein lieber Junge!

Seit einer Stunde bin ich wieder zu Hause, musste heute mit zum Katastropheneinsatz nach Schönwalde um 18 Uhr war ich hier. Wir mussten den Schnee von den Flugzeughallen fort bringen, der lag vielleicht 6 cm hoch und den Schnee, der gestern ins Gelände gefahren war, verteilen. Nur Schikane, es ist nämlich mächtiges Tauwetter. Weißt Du, man bekommt doch, wenn man die Figuren sieht, eine unheimliche Wut, dass man von dieser Gesellschaft besiegt wurde und das es deutsche Offiziere gab, die übergelaufen sind. Der Kaffee vom vergangenen Jahre könnte einem hochkommen. Na hoffen wir, dass wir durch all diesen Dreck auch durch steigen, es wird auch noch mal anders werden.

Man soll jetzt nur nicht von Demokratie reden, es wirkt direkt lächerlich wenn die Kommune von Demokratie und Nationalgefühl redet, die gehen doch nur auf Dummenfang aus und der deutsche Arbeiter fällt darauf herein. Genauso demokratisch ist die hiesige Werksabstimmung gewesen, ich war ja leider den Tag in Berlin, konnte an der Versammlung nicht teilnehmen, noch nicht 50 % waren für das Ausscheiden aus dem Konzern, aber die meisten haben sich der Stimme enthalten. Es wurde auch gleich gesagt, es wäre ganz egal, ob eine Mehrheit zustande kommt oder nicht, abgetrennt würde die Firma auf jeden Fall. Was im Berliner Rundfunk gesagt wurde, ist viel geschrieben. Im „Tagesspiegel" vom Freitag steht auch, dass sich die Parteifunktionäre der SPD vom Bezirk Kreuzberg gegen die Einheitspartei ausgesprochen haben, 186 Stimmen dagegen und ganze acht Stimmen dafür. Davon wird im Rundfunk nichts gesagt. Es steht eben alles unter Druck. Gustav Dahrendorf[49], der anscheinend den Schwindel nicht mitmachte, ist aus dem Zentralausschuss ausgeschieden und hat sich in die britische Zone begeben, Ries[50] ist getürmt, sonst hätte man ihn vielleicht umgebucht, so das wäre etwas mal von der Seele geschrieben.

Nun möchte ich Dir erst mal Deine beiden Päckchen mit den Briefen 71 und 72 bestätigen, habe vielen herzlichen Dank dafür. Vor allen Dingen für die weitere Schilderung, bei der bekommt man nicht wie beim Roman jeden Tag eine Fortsetzung. Wir können doch nun so dankbar sein, dass Du so gut fortgekommen bist. Nun sieh mal, mein lieber Junge, es könnte doch auch anders auslaufen und Du würdest vielleicht heute irgendwo in Asien sitzen und man wüsste vielleicht gar nichts vonei-

---

[49] Gustav Dahrendorf war ein bekannter Sozialdemokrat, der nach dem missglückten Attentat auf Adolf Hitler am 20. Juli 1944 zu sieben Jahren Zuchthaus verurteilt und erst kurz vor Kriegsende von der Roten Armee befreit worden war. Als es ungefähr ein Jahr später, im Februar 1946, eine Zwangsvereinigung von SPD und KPD geben sollte, legte er aus Protest sein Amt nieder und kehrte nach Hamburg zurück, blieb dort aber auch weiterhin politisch tätig.

[50] Fritz Ries war ein deutscher Industrieller und frühes NSDAP-Mitglied, der kurz vor dem Einmarsch der Roten Armee seine „arisierten" Fabriken nach Westen „verlagerte" und dort später diverse Hotels und Fabriken kaufte.

---

nander. Wenn es nun selbst in der Schule im Sommersemester noch nichts werden sollte, so darfst Du den Mut nicht sinken lassen, tausenden geht es schlechter, wir raten auch immer in Deinem Interesse davon ab nach Berlin zu kommen, so gern wir Dich bei uns hätten, aber mal muss ja auch die Grenze freigemacht werden, dass man auf legalem Wege nach dort kommen kann. Sehr gern hätten wir allerdings ein Bild von Dir, dass wir unseren Jungen einmal wieder sehen.

Wegen der Schulen möchte ich Dir raten, nach Höxter zu gehen. Erstens ist die Stadt kleiner und liegt sie landschaftlich schöner als Holzminden und Hildesheim. Verkehrstechnisch liegt Hildesheim zu Berlin und Braunschweig wohl am günstigsten. Frau Bollmann hat auf Muttis Brief noch nicht geantwortet.

Wegen Marksburg haben wir alle verfügbaren Bücher nachgesehen und auch nicht gefunden, es wird wohl ein Hörfehler sein und Marburg in Hessen sein. Mutti wird sich noch mal bei Frau Gerke erkundigen. Von Deinen Arbeitshemden ist nichts mehr da, das blaue ist gestohlen und das graue und rote habe ich aufgetragen, da sie Dir zu klein waren.

Nun will ich für heute schließen, sei vielmals herzlich gegrüßt und geküsst von Deinen Dich liebenden

Eltern

Hennigsdorf, d. 5. 3.1946

Mein lieber Junge!

Wenn wir auch heute keine neue Post bestätigen können, so will ich doch schreiben, damit keine Pause eintritt. Habe schon viel Post heute erledigt, aber Du sollst auch nicht zu kurz kommen.

Wie wird es denn nun sein mit Deiner Schule, da sind wir neugierig, ob Du etwas erreicht hast und bist Du mit Deinem Anzug zufrieden? Ich bin jetzt auch dabei, Vatis grauen Anzug zu zertrennen, der soll gewendet werden, Vati macht dafür einen Handwagen.

Nun möchte ich Dir heute auch noch mal für die Päckchen 71/72 danken, mit den Kohlrüben und Mohrrüben. Du brauchst gar nicht denken, dass das für uns nichts ist, im Gegenteil, es ist immer ein paar Mal Mittagbrot, wozu man nicht allzu viel Kartoffeln braucht und das Trockengemüse ist sehr schön, gestern haben wir Wirsingkohl gekocht, hat tadellos geschmeckt. Wenn es solche Sachen also ohne Marken gibt, kaufe ruhig davon und schicke so viel wie möglich, denn bis zur neuen Ernte ist noch lange hin. Wir denken doch auch, dass mal die Grenzen zumindest für den Frachtverkehr ge-öffnet werden und dann kann doch mehr geschickt werden. Kartoffelsäcke werde ich dann schon noch schicken. Dass es mit der Frau aus Miersdorf nichts geworden ist, schrieb ich Dir ja inzwischen schon. Nun dauert es nicht mehr lange, dann ist ein Jahr „Frieden", wie lange wird es noch so blei-

ben? Aber wie alles auf der Welt dem Wechsel unterliegt, so denke ich, werden auch wir Deutschen mal eine vernünftige Zeit erleben, ob wir Ältere noch dazu kommen, ist ja fraglich, aber ihr Jungen doch wohl bestimmt. Hoffentlich findet sich unser Vaterland mal zu einer richtigen Demokratie, dass nicht nur eine Diktatur durch die andere abgelöst wird. Ich habe schon in meiner Jugend die englische Verfassung für gut gehalten und wie mir scheint, ist sie es auch wirklich. Es ist für uns Deutsche traurig, dass wir niemals Führer hatten, die eine Sache richtig ausreifen ließen, jeder wollte immer sich selbst möglichst in den Vordergrund schieben und den Ruhm einheimsen, Volk und Land waren nur Mittel zum Zweck. Der Deutsche ist ein zwiespältiger Mensch, vielleicht liegt es an der Lage, er ist niemals rückenfrei, wird von allen Seiten gepresst und geschoben.

Sehr gefreut haben wir uns, dass wir Deinen Bericht weiter lesen konnten, aber es ist nur gut, dass man das alles erst nach überstandener Gefahr erfährt, sonst hätte man sich noch mehr Sorgen gemacht.

Denke mal, der Karl-Heinz Zogbaum ist auch tot. Ist im Mai (oder April) in Gefangenschaft geraten, dann sind sie (38 Mann) vom Polen in eine Garage getrieben worden und dort hat einer so lange hineingeschossen, bis alles still war. Einer mit acht Schüssen hat es überlebt, Karl-Heinz war auch noch nicht tot, aber alle anderen. Vom Russen sind sie dann befreit worden, aber ohne ärztliche Hilfe geblieben, so ist er nach acht Tagen an seiner

Verwundung (Bauchschuss) gestorben. Dieser an-
dere hat das dann durch Rundfunk gemeldet, da-
durch haben sie es jetzt erfahren. Er hatte ihnen die
Bilder abgenommen und den Angehörigen gegeben.
Ist doch auch furchtbar.

Nun mein liebes Kind, will ich heute schlie-
ßen, bleib gesund, sei vielmals gegrüßt und geküsst
auch von Vati, Deine

Mutti

<u>Nr. 54</u>

Hennigsdorf, den 8.3.1946

Mein lieber Eberhard!

Leider kann ich Dir noch keine Post weiter bestäti-
gen, bis einschließlich 72, welches vorigen Sonn-
abend kam, ist alles hier und ja auch zweimal be-
stätigt. Hoffentlich ist bei Dir alles in Ordnung und
es liegt nur an der Post, denn in der ganzen Woche
haben wir auch von anderer Seite keinerlei Post
bekommen.

Gestern habe ich mich nun mal aufgemacht
und bin in Berlin gewesen, bin morgens hier um ¼
8 Uhr mit dem AEG-Zug bis Niederneuendorf ge-
fahren und war abends um 7 Uhr wieder zu Haus.
Da war ich ja dann aber auch fertig, doch ich woll-
te gerne alles zusammen erledigen, denn das Rein-
fahren macht solche Umstände, auch weil man
vorher kochen muss und Brot mitnehmen, usw.
Gestern Morgen habe ich, als ich ein neues Brot

anschnitt, geweint, ich habe mindestens 12 cm abgeschnitten und hatte noch keine Schnitte, sondern
nur einen Berg Brösel. Nun ist es schon so wenig,
es ist so sauer und muffig und dann noch bröckelig,
da ist es doch überhaupt nicht ergiebig. Von Heiligensee bin ich dann mit der 128 bis Seestraße gefahren und von dort mit der U-Bahn bis Knie zur
Buchhandlung Kiepert, wo ich schon die ersten
Bücher bekommen habe. Ich hatte ein paar Bücher,
die Vati nicht mehr braucht, zum Verkauf mitgenommen. Habe von ihm „Baukonstruktionslehre"
von Frick und Knöll und „V.O.B. - Verdingungs-
ordnung für Bauleistungen" bekommen. In vierzehn Tagen gehe ich noch mal hin, da bekommen
wir vielleicht „Vom Punkt zur vierten Dimension".
Ist doch ganz schön, nicht wahr, hast Du doch ein
paar Sachen schon. Wir sind nur neugierig, was Du
bezüglich der Schulen erreicht hast.

Vom Knie fuhr ich dann zu Michaelis, Tante
Käthe war nicht da, war mit Bekannten von Müllers zum Amt, wie ich nachher hörte, sie fährt am
Sonntag wieder nach Dessau zum Geburtstag von
Ulf. Dann ging ich zu Tante und Onkel, das erste
war, womit ich begrüßt wurde: „Hast Du uns Kartoffeln mitgebracht, na Ihr habt Euch doch so viele
aus Dessau geholt! Wir haben seit Wochen keine
Kartoffeln, heute hat uns Frau Michaelis welche
geschenkt, sonst hätten wir keine!".

(Tante hatte uns vor vier Wochen 8 Pfund geschenkt, jetzt sollen es mit einem Mal 12 Pfund
gewesen sein und am liebsten möchte ich sie wie-
derbringen)

———
157

Dass wir bloß kaum die Hälfte Zuteilung der anderen Lebensmittel haben, spielt keine Rolle, wenn wir sagen würden, was Du uns schon geschickt hast, na dann müssten wir ja im Überfluss schwimmen, dass wir aber hier so gut wie keine Zuteilung gehabt haben, danach hört niemand hin.

Gestern haben wir wenigstens unseren Zucker für Februar und März erhalten, wir sind gespannt, ob wir unser Fett noch nachbekommen. Von dort bin ich dann weiter gefahren zu Frau Horn, ihr zu sagen, dass sie sich um Bücher für Dich nicht mehr bemühen soll. Die ist immer rührend, und hat auch Verständnis für unsere Lage, dass der Berliner trotz der erhöhten Zuteilung nichts über hat, weiß man, denn zu viel ist es noch lange nicht, aber es tut doch wohl, wenn der andere Mensch etwas Verständnis hat. Sie gab mir gleich zwei Schnitten von dem herrlichen Weißbrot, was sie in Berlin bekommen hat und noch für Vati zwei Schnitten mit. Dann gab sie mir zu Vati größter Freude das Reißzeug, was ihr Mann zu seinem 60. Geburtstag von seinem Chef bekommen hatte, das hatte ihr ein Herr aufbewahrt. Nun kannst Du denn das Deinige benutzen, dann wird es gehen. Wir denken ihr 100,- M zu geben und im Sommer Obst, denn sie soll nicht zu kurz kommen, es ist doch sehr lieb von ihr, gleich an uns zu denken.

Von dort aus (Wilmersdorf), sie führt doch einem Witwer die Wirtschaft, das ist aber solch ein alter Knurrhahn, egoistisch und misstrauisch bis dahinaus, sitzt abends da und isst dicke Wurststullen (er ist Malermeister und hat Schwerarbeiter)

---

und sie sitzt dabei und isst ihr Brot trocken. Sie will nun zum 1.4. kündigen, bin ja neugierig, was er da sagt, also von dort aus fuhr ich nach Tempelhof zu Radung. Leider kann ich aber der armen Frau Heise nichts Näheres mitteilen. Herr Radung ist seit kurz vor Weihnachten zu Hause, Post hat er von Frau Heise nicht bekommen. Er erzählte, dass er mit Herrn Heise in Rehhagen-Klausdorf zusammen gelegen hatte, da ist Frau Heise wohl auch Weihnachten zum Besuch gewesen (hat sie auch einen Sohn?), da wäre der Herr Heise Ordonnanz gewesen. Am 13. April ist Radung aber dann mit den Eisenbahn-Pionieren nach Tirol gekommen und Herr Heise ist ebenfalls zum Einsatz, er nimmt an bei Spandau, gekommen, jedenfalls ist er wohl zur Kampftruppe gekommen und von da ab weiß er nichts mehr von ihm, da sich ja dann die Ereignisse überstürzten. Es tut ihm sehr leid, dass er keine bessere Auskunft geben kann und er lässt Frau Heise recht herzlich grüßen und wünscht ihr recht bald gute Nachricht. Nun kann man ja nur hoffen, dass er sich noch am Leben in Gefangenschaft befindet, denn sonst hätte er sich doch gewiss schon gemeldet. Grüße nur Frau Heise auch von mir recht schön, ich hätte ihr so sehr gern geholfen und es ist mir sehr betrüblich, dass ich ihr keine bessere Auskunft geben kann. Vielleicht gibt sie auch mal eine Anzeige in der Zeitung auf, wenn sie es in einer hiesigen will, will ich es ihr gern besorgen, denn man muss ja annehmen, dass er sich in russischer Gefangenschaft befindet, wenn sie hier in Brandenburg zum Einsatz gekommen sind, natür-

lich weiß man nicht, ob es Zweck hat, da sie ja dann nur kurze Zeit in dieser Einheit zusammen waren. Diese Ungewissheit ist so schlimm. Puhlmanns haben ja außer der einen Karte auch noch nichts weiter und sie sind auch noch keine Antwort losgeworden, da er keine Rückantwortkarte mitgeschickt hat und nur solche befördert werden, es ist alles schlimm.

Von da aus bin ich dann noch nach Waidmannslust zum Berater gefahren, um für Frau Focke Rat zu holen, sie hat in der Hand Reißen. Ich war dann froh, als ich zu Hause war und die Stiefel ausziehen konnte, denn ich hatte die Gummistiefel an, da hier noch Schnee liegt, der aber teilweise getaut ist und als Matsch da liegt.

Wir sind ja neugierig, jetzt heißt es, dass unsere Besatzung doch fortzieht und wir vielleicht Engländer bekommen und eventuell zu Berlin kommen. Aber vorläufig glaube ich noch gar nichts, wollen abwarten, was wir sehen; an sich wäre es natürlich gewiss angenehmer, schon wenn wir Berliner Verpflegung erhielten, hoffentlich wird sie dann nicht auf unseren Stand herabgesetzt. Aber wenn es so käme, dann würden wir doch gewiss unseren Jungen hier begrüßen können, nicht wahr? Wollen mal abwarten, was in den nächsten vierzehn Tagen passiert. Es ist ja auch ein Wahnsinn, solch reinen Industrieort wie unser Hennigsdorf als Selbstversorgungsgebiet zu bezeichnen. Dann hätte doch vielleicht die Hoffnung, dass unserer Gartenertrag für uns bleibt, aber genau weiß man ja auch nicht, wie das Benehmen ist. Wollen

---

das Beste hoffen, wir haben ja genug durchgemacht, dass man es ruhig mal ein kleines bisschen besser haben könnte. Frau Bollmann hat noch nicht geantwortet, wie eben in der letzten Woche überhaupt keine Post angekommen ist, wie ich vorhin schon schrieb.

Am Mittwoch habe ich mich mit Tante Lisa nach Weißensee verabredet, wir fahren dann zusammen nach hier und werden dann den 14. gemütlich zusammen verleben. Da wir ja nun unseren Zucker bekommen haben, werde ich uns ein paar Brötchen backen, dann fühlen wir uns schon reich. Nun wird es nicht mehr lange dauern, dann geht die Gartenarbeit an, dann hat man aber auch wieder Hoffnung auf ein Vorwärtskommen. Mit den Saatkartoffeln sieht es aber noch sehr schlecht aus, ebenso gibt es keinen Mais, vielleicht kannst Du mal eine Handvoll auftreiben, sonst haben wir alles, nur Erbsen, Bohnen und Steckzwiebeln nicht, na kommt Zeit, kommt Rat.

Nun weiß ich aber nichts mehr, es genügt wohl auch, für heute innige Grüße und Küsse, immer Deine

Mutti und Vati

Nr. 55

Mein lieber Eberhard!

Wie haben wir uns gefreut, als wir gestern Deine Päckchen Nr. 73 und 75 erhielten und Deinen lieben Brief zu unserem Hochzeitstage lasen. Und ob wir daran denken, wie es vor drei Jahren gewesen ist, da haben wir schon täglich von gesprochen und wie schön es wäre, wenn Du auch in diesem Jahr bei uns sein könntest. Wir trösten uns aber, denn wir wissen, dass wir von vielen beneidet werden, denen es nicht so gut geht wie uns. Man möchte nur so gern sich mal über alles aussprechen können und sich sehen.

Habe ganz besonderen Dank für diese Sendungen, das Schweinefleisch hast Du doch gewiss aus Stederdorf, wie sollen wir den Leuten danken, sie tun doch so viel an Dir. Als ich das Päckchen auf der Post bekam, dachte ich, solch großer Karton, na da kann doch nur Trockengemüse drin sein, dann staunten wir, als wir es öffneten, wie genial Du das getarnt hast. Am 14. ist Tante Lisa hier, da werden wir es uns schmecken lassen. Tante Lisa freut sich auch immer so sehr wenn sie kommt und kann Deine lieben Briefe lesen und ich kann ja auch etwas vorsetzen, denn ihr geht es ja auch nicht besser als uns.

Dass sie Euch so sehr gekürzt haben, ist ja schlimm, denn 1000 g Brot ist ja nun noch weniger als hier, plus wir bekommen schlimmerweise die Sachen nicht mal, die auf dem Papier stehen. Für

Marmelade haben wir in der ganzen Zeit, solange wir Marken haben, nur 200 g Sirup erhalten, vom Fett ist schon die vierte Dekade fällig, ohne dass Aussicht besteht, ich bin also schon vier Wochen ohne das geringste Krümchen Fett, da kannst Du Dir vorstellen, wie ich mich über die Margarine gefreut habe. Käse haben wir in dem Jahr überhaupt noch nicht gesehen, geschweige denn erhalten, also eine Delikatesse ersten Ranges. Und mein Kaffee (nur geschenkter) reichte auch höchstens noch drei Mal, so ist uns auch der ein Geschenk des Himmels.

Weißt, unsere Verpflegung hier kann man, wenn man es nicht mitmacht, doch nicht ermessen. Auch die Berliner haben kein Verständnis dafür. Wie es mit uns weitergehen wird, wissen wir auch noch nicht, die Gerüchte sind so ganz verschieden, manche sagen, wir bekommen russische Zivilverwaltung, andere, wir kommen zu Berlin und werden englisch, wieder andere es bleibt so, also nun suche Dir aus, manche erzählen auch, ganz Brandenburg soll geräumt werden, ich glaube aber nur das, was wir sehen. Die Kommandantur ist ja allerdings geräumt, die Fähnchen sind fort, ein großer Stern der am Hause angebracht war (die AEG-Krankenkasse gegenüber der AEG-Feuerwehr) und Stalins Bild, wurde abends alles illuminiert mit weißen und roten Glühbirnen, ist abmontiert.

Wenn wir zu Berlin kämen und die dortige Verpflegung <u>*erhielten*</u>*, wäre es für uns natürlich ein großer Vorteil. Sieh mal, hier bekämen wir für Vati und mich zusammen in zehn Tagen 300 g Nährmit-*

tel (meist bekommen wir es nicht) und in Berlin auf dieselben Kategorien 900 g, ist das ein Unterschied? Fleisch hier 400 g, in Berlin 900 g. Brot hier 650 g, in Berlin 900 g. Ist das ein Unterschied?

Dass sie im englischen Gebiet aber gleich solche radikalen Kürzungen vorgenommen haben, ist eigentlich nicht zu verstehen, es soll allerdings wie in der beiliegenden Zeitung steht, Fleisch und Fisch mehr geben, ob es stimmt, ist ja noch fraglich. Brot für 20,- M wäre ja sehr billig, hier kosten vier Pfund 130-150 M, aber es wird dann bei Euch wohl auch besser werden. Man muss bloß staunen, wo das alles hinten herum herkommt, also muss es doch da sein, wenn es richtig erfasst würde, könnte es bestimmt allgemein etwas mehr geben, aber so schwelgen ein paar und füllen sich die Taschen und die anderen können verhungern, das ist Volksgemeinschaft, Pfui Teufel, was sind wir Deutsche für schlechte Menschen, ob es woanders auch so schlimm ist? Aber die Menschen sind wohl überall egal. Den Brief Erzbischof Wurm[51] kann man nur voll und ganz unterschreiben, ich sende Dir nun zwei Entgegnungen von England mit, es wird Dich gewiss interessieren, die von Fraser ist ja in der gewohnten deutschen Gegnerschaft geschrieben,

---

[51] Tatsächlich war Theophil Heinrich Wurm nur Landesbischof. Er war ein Mitunterzeichner des Stuttgarter Schuldbekenntnisses, in dem das Versagen der evangelischen Kirche im Dritten Reich eingestanden wurde. Später richtete er sich in mehreren Briefen an die Hauptankläger der Nürnberger Prozesse und protestierte darin gegen die besondere Härte der Entnazifizierung durch „verbrecherische Methoden und abscheuliche Quälereien"!

ohne menschliches Gefühl, nur vom Egoismus diktiert. Welche Richtung wird auf die Dauer die Oberhand behalten? Wird es denn wirklich nicht möglich sein, mal richtige Demokratie anzuwenden? Ich lege Dir, da die beiden Artikel das Gewicht gerade ausmachen, keine weiteren Zeitungen bei, sende Dir aber in den nächsten Tagen wieder ein Päckchen mit Zeitungen. Gleichzeitig kann ich Dir auch noch Deinen Brief Nr. 74, welchen wir Sonnabend erhielten, bestätigen, wir haben uns gefreut, Deinen Bericht weiter zu lesen, Du kannst auch mal viel erzählen. Aber immer wieder stößt es schmerzlich auf, wie konnte nur alles so weit getrieben werden.

Für heute, mein lieber, lieber Junge, viele innige Grüße und Küsse in Liebe, Deine

Eltern

Nr. 56

Hennigsdorf, den 16.3.46

Mein lieber Junge!

Gestern erhielten wir Dein eingeschriebenes Päckchen Nr. 76, habe vielen Dank, ist ja schön, dass wir Erbsen haben und auch die Knochen kann ich gut gebrauchen, da gibt es mal Gemüse mit. Unser Fleisch haben wir nun endlich gestern bekommen. Zwei Dekaden Fett, Marmelade und Nährmittel vom Februar aber noch nicht, dabei haben sie heute Morgen im Radio ganz groß gesagt, es hat über-

all alle Zuteilungen gegeben, ich war ganz platt, als ich das hörte, dann haben wir hier jedenfalls gefehlt, als es alles gegeben hat[52].

Dass Deine schönen Päckchen Nr. 74 und 75 angekommen und mit Freude geöffnet sind, schrieb ich Dir schon, geschmeckt hat es wunderbar, Tante Lisa hat sich auch sehr gefreut, wir haben vorgestern sehr gemütlich verlebt und viel von Dir gesprochen. Wir wollen hoffen, dass wir im nächsten Jahr alle gesund und fröhlich den Tag feiern können.

Nun zu Deinem Brief, dass Du mit den Schulen kein Glück hattest, ist ja schade, aber auch wieder nicht allzu schlimm, wenn Du wirklich erst im Herbst anfangen kannst. Wie viele die in Gefangenschaft sind müssen auch anfangen, wenn sie noch älter sind als Du. Ich werde mit Deinen Papieren zur Schule fahren, aber es wird keinen Zweck haben, denn am 13. war die Prüfung und Montag beginnt die Schule, wie ich es Dir wohl auch seinerzeit ausführlich schrieb. Wir hoffen ja noch immer, dass sich bis zum Winter alles so stabilisiert hat, dass Du hier sein kannst. Wir möchten Dich natürlich lieber heute als morgen hier haben und mit dem Essen würde es sich schon finden, Du kennst ja aber unsere Gründe. Vielleicht ist es übertriebene Besorgnis, es ist eben das Schlimme,

---

[52] An dieser Stelle kann man gut sehen, wie die sowjetische Propaganda die des Dritten Reiches einfach ablöste. Denn selbst wenn es irgendwo offensichtlichen Mangel gab, wurde im Radio anderes vermeldet, so dass es zwar Unstimmigkeiten zwischen den einzelnen Bezirken wegen der unterschiedlich hohen Zuteilungen gab, wie auch in den vorliegenden Briefen schon häufiger erwähnt, diese aber nicht offiziell anerkannt werden mussten.

das man nicht mal über alles persönlich sprechen kann.

Eure Lebensmittelkürzung ist ja gleich gewaltig, damit kannst Du allein ja auch nicht auskommen, sind da die Schwerarbeiterzulagen schon drin?

Dass Du uns davon nichts mehr schicken kannst, ist ja selbstverständlich, ich dachte ja auch nicht, dass Du das von Deiner Ration geschickt hast, ich schrieb Dir ja immer, Du sollst schreiben, wenn Du Geld brauchst. Die Preise, die Du schreibst, sind für uns sehr billig, ich habe Dir doch auch geschrieben, dass ich Weihnachten für Fett 400,- M und für ein Pfund Mehl 45,- M gegeben habe. Bloß ich kann Dir doch keine Vorschriften machen, denn ich weiß ja nicht, wie Du Verbindungen hast und ich möchte nicht, dass Du Dir Unannehmlichkeiten machst. Etwas zusätzlich müssen wir aber haben, wenn wir nicht verhungern wollen, denn wir leben ja eigentlich nur von dem, was wir uns aus Dessau holen und von Dir. Du schriebst mir doch in einem Brief, Du hättest zehn Pfund Grieß, dann ist doch noch etwas zum Schicken da.

Mit den Kartoffeln habe ich doch auch bloß gefragt, ob es vielleicht Trockenkartoffeln gibt, da dachte ich, wenn Gelegenheit ist, kannst Du eintauschen. Das Trockengemüse ist tadellos, kaufe davon so viel Du bekommen kannst und wenn es 20 Pfund sind, man spart Kartoffeln und es schmeckt gut, wer weiß, wie lange die Knappheit anhält. Die Kartoffeln hebe bloß für uns auf, auch wenn wir sie

---

noch nicht so bald herschaffen können, denn neue Kartoffeln gibt es ja nicht vor August und unser Zentner aus Dessau ist auch schon zusammengeschmolzen.

Das mit den Fallschirmstricken[53] ist fein, wenn ich sie erst hier habe, dann kann es ja losgehen. Möchtest Du einen Pullover mit oder ohne Ärmel? Dann kann ich mir ja vielleicht auch noch eine Jacke machen, wenn Du zehn Stück hast.

Die Berliner bekommen bedeutend mehr als ihr, aber wir nicht, nur Brot 200 g. Marmelade haben wir überhaupt noch nicht bekommen. Also drücke den Daumen, dass wir unter englische Verwaltung kommen, dann bist Du hier.

Viele Grüße und Küsse,

Mutti

N.S.: Gibt es eigentlich Nähgarn auch nicht bei Euch? Wenn es leicht geht, kannst Du ruhig acht Pfund Mehl besorgen, ist uns nicht zu viel, hier ist nichts zu haben.

---

[53] Gerade in der Nachkriegszeit waren Rohstoffe knapp, deshalb wurde oft altes Kriegsgerät wiederverwendet, da es ausgerechnet davon noch eine Menge gab. Viele Kleidungsstücke waren deshalb aus Fallschirmseide genäht, während man die Stricke auftrennte, um „Wolle" oder Garn zu erhalten. Aus Gasmaskenfiltern machte man Lampen, aus Granathülsen wurden Aschenbecher, aus Helmen fertigte man Siebe und Töpfe, ...!

Nr. 56

Mein lieber Junge!

Heute ist mal wieder Sonnabend, unseren Hochzeitstag haben wir in aller Ruhe verbracht und von
unserem Silberhochzeitstag gesprochen, wie schön
es da war und wie unser Sohn hier uns versorgt
hatte. Gesorgt hattest Du ja dieses Mal auch, Deine
Fleischbüchse haben wir am Abend aufgemacht, es
ist ein Genuss, man merkt jetzt erst wie man früher
alles so selbstverständlich gegessen hat.

Zu unserem Hochzeitstag gab es die erste Zi-
garillo-Zuteilung seit Weihnachten, sechs Stück für
die arbeitende männliche Bevölkerung und dann
bekamen wir pro Kopf eine halbe Flasche Schnaps,
also Mutti und ich eine ganze, hat gerade fein geklappt, trotzdem wäre es uns angenehmer gewesen,
wir hätten einen halben Zentner Kartoffeln pro
Kopf bekommen.

Tante Lisa ist am 13. auch gekommen, sie hat
Wasser in den Beinen, waren ganz dick, heute waren die Beine wieder etwas normaler, sie ist heute
wieder gefahren. Nun danke ich Dir noch persönlich für Deine Glückwünsche. Mit dem heutigen
Tage bin ich nun wieder selbstständig und ziehe
mir mein Büro neu auf, wir fangen allerdings erst
klein an. Nun hätte ich noch eine Bitte, achte in den
Zeitungen doch einmal darauf ob da gebrauchte
Werkzeuge, also Drehbank, Bohrmaschine, Fräs-
maschine, Hobelmaschine, Revolverbank, etc. an-
geboten werden und wenn das der Fall ist, schick

---

mir bitte den Zeitungsabschnitt oder Abschrift davon, wenn irgend möglich mit allen Angaben, es besteht eine Möglichkeit, dass ich nach dort komme, um die Maschinen zu besichtigen.

Mit den Schulen hast Du ja nun richtiges Pech, hoffentlich wird es mit Holzminden noch was.

Dass Eure Verpflegungssätze jetzt so gewaltig herunter gesetzt sind, ist ja auch schlecht, das Brot ist ja sehr wenig. Du hast schon recht, Mutti wird natürlich für drei Personen besser wirtschaften können. Wir haben nur die eine Sorge, da Du doch wohl kein Entlassungszeugnis hast, könntest Du Schwierigkeiten haben und womöglich noch abgeholt werden. Ja wenn Du von den Engländern entlassen wirst, wäre es noch etwas anderes, obwohl Prüfrocks Sohn hat sich auch gemeldet, ist in England in Gefangenschaft. Eigens Sohn ist auch seit ca. zehn Tagen wieder hier, tut Dienst in Hennigsdorf auf dem Bahnhof.

Hier wird nun erzählt, die Russen ziehen aus Hennigsdorf gänzlich ab, es kommen Engländer hierher. Die Kommandantur ist ja tatsächlich zum großen Teil fort, ist nach Velten gezogen. Sollten die Engländer hierher kommen, dann kommen wir auch sofort zu Berlin und bekommen die Berliner Verpflegungssätze, dann mein lieber Junge, sagen wir nichts wie her, auch wenn Du dann mit der Schule noch ein halbes Jahr warten musst. Wir haben immer nur Angst solange der Russe hier ist, dass man Dich noch mal holt, mit der Verpflegung würdest Du uns bestimmt noch sehr helfen, da Du doch auch Berliner Karte hast. Also fass bitte unsere Briefe nur so auf, dass wir um Deine Sicherheit besorgt sind.

Was macht denn jetzt die Oker, ist sie wieder ein harmloses Flüsschen geworden? Das Dein Anzug nett geworden ist und er Dir Freude macht ist ja schön, damit Du die Ausgabe nicht so spürst, legen wir hier 20,- M bei. Sind denn bei Euch die Steuern jetzt auch so erhöht? Mir haben am Geldtag die Augen getränt. Ich habe einschließlich Gewerkschaftsbeitrag und Krankenkasse 188,50 RM Abzüge, ist doch ganz enorm.

Nun lebe wohl für heute. Mit den herzlichsten Grüßen und Küssen, Dein

Vati

N.S.: Es ist ja auch noch immer recht kalt, man friert in diesem Jahre ganz unheimlich, weil das Fett fehlt. Hoffentlich kommt aber dann keine Kälte, wenn die Blüten raus sind. Mutti

Nr. 57

Hennigsdorf, den 20.3.46

Lieber Eberhard!

Gestern erhielten wir Deine Päckchen Nr. 77 und 78, habe herzlichen Dank, es ist alles bis 78 hier, wie ich ja auch in den vorausgehenden Briefen bestätigt habe. Jetzt scheint die Post etwas länger zu gehen. Dass Dein Anzug schön geworden ist,

---

171

freut uns, kannst Du Dich doch wenigstens wieder nett anziehen. Heute war der erste schöne Tag, wir waren im Garten, haben die großen Haselnussbüsche umgesägt, denn sie tragen nicht mehr und nehmen den Bäumen Licht und Luft fort. Vati will dort auch einen Schuppen hinbauen mit Klosett, damit im Arbeitsraum mehr Platz ist und mehr Ordnung geschaffen werden kann. Schön wäre es, wenn Du hier wärst und ihr könntet beide bauen.

Hier hat sich noch nichts geändert. Wir haben so gewünscht, dass wir zu Berlin kommen, dann wäre doch unsere Ernährung gesichert, aber leider nicht. Nun ist schon bald ein Jahr vergangen, noch ein Monat, wenn wir nur erst das nächste Vierteljahr hinter uns hätten, vielleicht wird es dann etwas besser mit der Ernährungslage. Augenblicklich ist es ja sehr schlecht. Ob es im Sommer wohl mit den Zonen besser wird, dass die Beschränkungen gelockert werden, es wäre dringend zu wünschen. Ich schicke Dir heute keine Zeitungen mit, denn Vati soll den Brief morgen in den Kasten tun und ich habe nicht so viel Marken hier. Donnerstag will ich nach Berlin und auch zur Schule fahren, nachhören, was sie dort sagen, ob sie schon für das Winterhalbjahr annehmen, denn für jetzt ist es ja nicht mehr möglich.

Viele herzliche Grüße und Küsse, Deine

Eltern

<u>Nr. 58</u>

Hennigsdorf, den 24.3.1946

Mein lieber Eberhard!

Will Dir nur eben schnell mitteilen, dass gestern Deine Pakete Nr. 79, 80 und 82 gut eingetroffen sind. Nr. 81 wird jedenfalls in den nächsten Tagen kommen. Wir haben uns riesig gefreut und haben uns gleich gelabt. Morgen schreibe ich dann eingehend. Aber wer sagt, dass wir jetzt mehr oder besser bekämen, der ist im Irrtum, soll mal vier Wochen hierher kommen. Heute gab es 100 g Fett, 100 g Zucker und 200 g Roggenmehl für Februar. Gestern war ich in Berlin, habe Dich zum Winter angemeldet und dann bekam ich „Vom Punkt zur vierten Dimension", ist doch schön, nicht wahr? Nun ist schon ein Teil Bücher da. Heute ist ein Sturm, dass man denkt das Haus fällt zusammen. Da werden auch manche Ruinen zusammenstürzen.
Herzliche Grüße und Küsse, Deine

Eltern

<u>Nr. 59</u>

d. 26.3.46

Mein lieber Eberhard!

Nun ist doch schon Dienstag, ehe ich zum Schreiben gekommen bin. Meine Karte, worin ich Dir die drei Päckchen mit Gries bestätigt habe, hast Du

173

inzwischen gewiss erhalten. Das ausstehende Päckchen war bis gestern noch nicht eingetroffen.

Ich bin nämlich heute schon früh nach Berlin gefahren zu Frau Horn und jetzt auf dem Wege in der U-Bahn zu Fräulein Ulrich, einen kurzen Besuch machen. Montag und gestern war Frau Duscheck zu uns und hat mir ein Kleid genäht, Dein Brief hat mich etwas erschreckt, was wird wohl bloß die Zukunft bringen? Die Natur beginnt nun wieder sich neu zu beleben, nur die Menschen können nicht zur Ruhe kommen. Wie ich Dir schon schrieb, habe ich Dich nun für das Wintersemester in Neukölln angemeldet, der Sicherheit wegen.

Lieber Eberhard! Mutti hat hier aufgehört zu schreiben und ich bin beauftragt, den Faden weiterzuspinnen. Wenn es mit der Schule im dortigen Bezirk nicht klappt, so müsstest Du dann nach Berlin möglichst in den amerikanischen oder englischen Sektor ziehen, bzw. Dich anmelden, als Bauhandwerker kommst Du nach Berlin herein, es wurde gerade vorgestern im Radio bekannt gegeben. Hier wird nun auch wieder allerhand gefaselt, die Leute machen sich immer mehr den Kopf heiß, trotzdem, es brodelt ja unter der Oberfläche überall und von den friedliebenden Nationen, die bis an die Zähne bewaffnet sind, merkt man nicht viel.

Das Schönste ist ja jetzt der Tanz um die Einheitspartei, genannt SEP[54] (Seppel), wenn die

---

[54] Gemeint ist die kurz darauf gegründete SED (Sozialistische Einheitspartei Deutschlands), hier fälschlicherweise SEP genannt, die aus der Zwangsvereinigung von SPD und KPD heraus entstand und später die Staatspartei der DDR wurde.

deutschen Arbeiter damit einverstanden sind, sind es auch die richtigen Seppel, wie neulich ein Komiker im Rundfunk sagte.

Mutti will morgen mit Frau Rehfeld in Richtung Marienburg fahren, mal sehen, ob sie dort etwas zu futtern bekommt.

Der Frühling ist nun auch ins Land gezogen, seit Sonntag wird im Garten wieder geschafft, Mohrrüben sind gesät, ich habe den ganzen Sonntag Bäume gespritzt mit ganzen 120 Litern, habe mein Kreuz am Abend aber auch gespürt, war aber froh, als ich damit fertig war.

Seit Montag habe ich nun die erste Hilfskraft bekommen, Fräulein Rzepka, die kennst Du wohl auch, warst mit dem Bruder zusammen. Nun kommen noch zwei Herren dazu, der eine ist wohl noch krank, der zweite ist Hunzelmöller.

Nun will ich für heute schließen, hoffentlich erhalten wir morgen wieder Post von Dir. Es grüßt und küsst Dich vielmals herzlichst, Deine

Eltern

Nr. 60

Hennigsdorf, den 2. April 1946

Mein lieber Eberhard!

Heute kann ich Dir nun viel Post bestätigen, gestern erhielten wir Deinen lieben Brief Nr. 85 und heute die Päckchen Nr. 81, 83 und 84, es ist also bis einschließlich 85 alles da. Habe vielen Dank für alles, besonders den Gries. Auch die Gewürze sind schön und die Saaterbsen. Bis auf Steckzwiebeln und Bohnen haben wir alle Saat, die auch unser alter Lieferant Pötschke geschickt hat. Erbsen, Möhren und Saatzwiebeln haben wir schon im Boden, auch im Mistbeet ist eingesät. Hoffentlich werden wir alles ernten können.

Es kommen jetzt wieder neue Besetzungen, da muss wieder geräumt werden, gebe Gott, dass wir diesmal verschont werden. Nun ist fast ein Jahr vergangen und noch immer ist keine Ruhe hier, die geplagte Menschheit, und man sehnt sich doch so danach, endlich in Ruhe sein Leben einrichten zu können.

Wie Vati Dir im letzten Brief schrieb, bin ich mit Frau Rehfeld aufs Land gefahren[55]. Wie es bei solcher Fahrt auf der Bahn zugeht, könnt ihr Euch gar nicht vorstellen, auf den Dächern, Puffern, Trittbrettern liegen, hocken, hängen und stehen die Menschen, in offenen Güterwagen, Viehwagen usw., die Wagen ohne Fenster, manche mit Blech oder Holz vernagelt, Türen, die sich nicht öffnen lassen, durchs Fenster klettern die Menschen, also ein richtiges Inferno.

Und trotzdem, der Hunger zwingt Tausende es immer wieder zu versuchen. Wir sind bis ziemlich Meyenburg gefahren, hatten noch Glück, haben Kartoffeln und fünf Pfund Mehl (Roggen) und ca. 1000 g Brot gebettelt. Ein Viertelpfund alte

---

[55] Das sogenannte „Hamstern", wobei die Stadtbevölkerung hinaus aufs Land fuhr, um dort ihre wenigen Güter gegen Lebensmittel von Bauern einzutauschen oder ganz einfach nur um zu betteln.

Butter und zwei Stückchen Pökelfleisch habe ich für eine Schürze auch eingetauscht. Wir werden es wohl übermorgen noch einmal versuchen, dann kann man sich wenigstens satt essen.

Im Augenblick geben sie sich hier Mühe mit der Herbeischaffung der Lebensmittel. Wir haben gestern für einen Monat Öl bekommen und am Freitag für die letzte Märzdekade (wir bekommen drei Mal für zehn Tage) statt Fleisch Quark und zwar vierfach, das war ganz schön. Statt Nährmittel haben wir Roggenmehl bekommen, aber wir haben doch wenigstens was bekommen, nun soll es wohl auch noch Marmelade geben, die haben wir allerdings noch vom November, Dezember, Januar und März zu bekommen. Unsere Rationen pro Tag schreibe ich Dir hier noch mal auf, damit Du anderen gegenüber im Bilde bist.

Hausfrauen (d.h. sonstige Bevölkerung):
- Fett 7 g
- Fleisch 15 g
- Brot 200 g
- Nährmittel 10 g
Arbeiter:
- Fett 10 g
- Fleisch 25 g
- Brot 350 g
- Nährmittel 20 g
Sonstige:
- Kartoffeln 300 g
- Zucker 15 g
- Marmelade 30 g
Arbeiter:

- *Kartoffeln 300 g*
- *Zucker 20 g*
- *Marmelade 30 g*

Das wäre alles, nur in diesem Monat haben wir 80 g Kaffeeersatz bekommen. Wenn wir wenigstens reichlich Kartoffeln gehabt hätten, aber 300 g ist gar nichts bei so fettloser Kost. Hoffen wir, dass wir den Anschluss an die neue Ernte erreichen. Die Kartoffeln lasse nur in Stedendorf, ich hoffe doch, dass wenigstens der Güterverkehr mal aufgenommen wird, dann können wir sie noch immer gebrauchen, es dauert noch lange, bis es neues gibt.

Dass ich, wenn Du hier wärst, manches noch schöner kochen würde, glaube ich auch, aber Kind, Du weißt ja, wie die Verhältnisse liegen. Wenn Du gern nach Stedendorf fährst und Du gern dort gesehen bist, fahre ruhig hin, wir schicken Dir mal immer wieder etwas, was kostet denn die Fahrt dorthin?

Ich habe eben nachgesehen, eine Fahrt wohl ungefähr 1,50 M, nicht wahr? Das wäre dann jetzt hin und zurück ca. 5-6 M, ja das Leben wird uns nicht leicht gemacht. Ich lege Dir 10,- M für die nächste Fahrt hier bei.

Dass ich Dich angemeldet habe, schrieb ich Dir schon, deshalb kannst Du aber doch auch versuchen, näher mit einer Schule in Verbindung zu kommen, denn die Einschreibegebühr betrug hier nur 3,- M, die kann man dann ruhig opfern, ist immer besser, man hat zwei Eisen im Feuer. Varel ist jetzt ziemlich weit fort von uns, aber wenn es so gut ist dort, ist es auch vorteilhaft. Es ist dumm, dass man sich nicht einmal über alles aussprechen kann, es wäre dadurch für Dich alles leichter.

Mit der Wäsche würde ich Dir so gern helfen, aber leider haben wir doch nichts mehr, nur Sommerunterwäsche ist da von Dir, die ist auch leicht, die könnte ich Dir schicken. Wir danken Dir auch für die Bilder, es war uns eine Freude, Dich mal wieder zu sehen, bist noch unser alter Junge. Das Wasser muss ja sehr schlimm gewesen sein, bei Höxter[56] soll doch furchtbar viel dadurch vernichtet sein.

Dass die Leute mit Hustensaft süßen, glaube ich, hier gibt es aber auch keinen gesüßten Saft, sonst hätten Leute es auch schon probiert, denn man macht ja alles. Mit den Kartoffeln mit Tante Emmi habe ich wohl undeutlich geschrieben oder Du hast falsch gelesen, Tante Emmi erzählte mir das, dass sie von Käthe Kartoffeln hatte, sie wollte von mir auch welche haben, weil sie uns mal acht Pfund geschenkt hatte.

Dass Du ein Reißzeug so billig bekommen hast, ist ja fein, so kommt doch langsam alles zusammen, man muss nur Geduld haben. Das mit der Zeltbahn ist ein guter Gedanke, leider gibt es keine Reißverschlüsse, sollte es aber mal möglich sein, bekommst Du ihn. Knöpfe und Bürsten sende ich Dir ein, bloß mit einem Kamm muss ich erst mal

---

[56] Bei dem vorher schon erwähnten Hochwasser am 10. Februar 1946 wurden an jenem Tag ganze 7,47 Meter gemessen, damit handelte es sich um den höchsten bis heute bekannten und gemessenen Wasserstand im Raum Höxter.

sehen. Vati hat nun den Wagen für den Überbringer der Nachricht von Dir auch fertig, wir werden ihn morgen hinbringen, denn er soll doch auch einen Anzug dafür wenden. Das ist schon der fünfte den Vati seit Einzug der Russen gebaut hat, einer immer besser als der andere.

Die Bestätigung von Nr. 75 wirst Du inzwischen auch erhalten haben und gelesen, wie wir uns gefreut haben. Ja nun scheint es ja wirklich Frühling zu werden, ein paar Tage habe ich schon nicht mehr geheizt. Ich werde Dir mit den Knöpfen ein Heft mit Rezepten mitschicken, da kannst Du vielleicht manches machen.

Wir haben jetzt ein neues Kloßrezept von Tante Frieda, halb Hennigsdorf kocht es schon und ist begeistert. Also, man nehme ein ganzes Pfund Kartoffeln (schälen und reiben, <u>nicht</u> ausdrücken), eine Schnitte Brot in kleine Würfel schneiden und einen Esslöffel (gehäuft) Mehl, etwas Salz, miteinander verrühren, auf ein Tuch tun (ungefähr wie ein großes Taschentuch), zusammenfassen und zubinden und gleich in einen Topf mit <u>kochendem</u> Wasser legen, auf den Topfboden einen Teller stellen, weil es sonst ansetzen kann, eine Stunde kochen, dann rausnehmen, auf einen Teller legen, Tuch aufbinden und den Kloß ausschütten. Es ist ein fester großer Kloß. Zucker, so man hat, mit Zimt darüber und braune Butter oder Margarine, oder auch Obsttunke. Guten Appetit. Wenn man mehr macht, muss er entweder länger kochen oder ich mache daraus 2-3 Klöße und stelle sie nebeneinander in den Topf. Ich und Vati sind von je einem

Kloß von einem Pfund Kartoffeln ganz gut satt, für starke Esser dann eben mehr. Versuche mal Deine Kochkunst und schreibe, ob es Dir geschmeckt hat.

Nun muss ich wohl Schluss machen, viele herzliche Grüße und Küsse, Deine

Mutti und Vati

N.S.: Die Anzeige gebe ich in Berlin auf für Frau Heise.

<u>Nr. 61</u>

Hgsdorf, d. 3.4.46

Lieber Eberhard!

Anbei erhältst Du mal wieder Zeitungen, mit den Knöpfen und Bürsten musst Du Dich noch ein paar Tage gedulden, wenn ich zurückkomme (wir wollen noch mal hamstern fahren) sende ich Dir das alles. Eine neue Zahnbürste bekommst Du auch.

Dass Deine Post bis einschließlich 85 gut hier eingetroffen ist, bestätigte ich Dir schon in Brief Nr. 60. Wenn Du nach Varel oder Höxter ziehst meinst Du, dass Du noch in diesem Semester beginnen kannst, wohl nicht? Arbeit wird es ja überall geben. Bei nächster Gelegenheit senden wir Dir noch 100,- M mit, die kannst Du dann zur Postsparkasse geben. Wie viel wolltest Du denn gerne haben? Sollte Dir das Kochbüchlein gar nicht gefallen, dann kannst Du es wieder mal zurücksenden, aber vielleicht ist doch manches dabei, was

Du Dir machen kannst. Zu Klößen zum Beispiel kannst Du alles verwenden, rohe geriebene Kartoffeln mit Mehl verrührt und Salz, mit Löffel abstecken in kochendes Wasser, auch mal eine Sauce mit gehacktem Fleisch, das Fleisch in etwas Fett andünsten lassen, eventuell etwas Zwiebel, Salz, Pfeffer und ein bis zwei Löffel voll Mehl darüber, etwas hellbraun werden lassen, mit Wasser ablöschen, d.h. Wasser hinein und sämig kochen lassen, dazu Pell- oder Salzkartoffeln. Gibt es mal saure Gurke, kann die noch eingeschnitten werden.

Für heute innige Grüße und Küsse, Deine

Mutti

N.S.: Eben hören wir, dass sie gestern in Neuruppin <u>*alles*</u> *abgenommen haben, da wollen wir doch noch nicht fahren, sondern erst wieder Beruhigung eintreten lassen.*

<u>Nr. 62</u>

Hennigsdorf, den 5.4.1946

Mein lieber Eberhard!

Zuerst kann ich Dir mit vielem Dank Post bestätigen und zwar Deine Päckchen Nr. 86, 88, 89 und 90, welche wir gestern abholen konnten.

Der Zucker ist für uns extra schön, ebenso das Mehl und die Gewürze kann ich auch gut gebrauchen, denn hier gibt es keine. Der Majoran ist richtig, sehr schön und kräftig, bist schon ein tüch-

tiger Junge. Es fehlt nun nur 87, das wird wohl in den nächsten Tagen kommen. Heute ist nun aber der Grund meines Schreibens ein besonderer. Ich will gleichzeitig noch ein Telegramm senden, weiß nur nicht, ob ich es loswerden kann und zwar wie folgt: „Arbeitsaufnahme in Wilmersdorf sofort möglich, Brief folgt - Mutti"!

Vielleicht hast Du das nun inzwischen schon erhalten. Gestern klingelte Onkel Hans bei Vati an und sagte, wir möchten so bald wie möglich zu Müllers kommen, unser Sohn Eberhard könnte dort Arbeit bekommen und in Berlin gemeldet werden. Wir sind natürlich gestern Abend gleich hingefahren, um Näheres zu hören. Ich habe Vati erwartet und dann waren wir um ½ 7 Uhr dort.

Also die Sache ist nun so: Bei Onkel im Hause ist ein Baubüro, ein Herr Hansen. Mit dem hat Tante sich unterhalten und auch erzählt, dass sie einen Neffen hat, der Zimmerer ist und zur Schule gehen will, den die Eltern wohl gerne hier, aber nicht in der russischen Zone haben möchten. Da sagte er, sie sollen ihren Sohn kommen lassen, er ist gut mit dem Bürgermeister von Wilmersdorf befreundet und könnte dafür sorgen, dass der junge Mann dort gemeldet wird und Berliner Karten erhält. Er würde Dich auch beschäftigen, dort ist englische Zone. Du könntest bei Tante und Onkel ein schönes Zimmer haben.

(Sie müssen es allerdings mit 45,- M berechnen, denn sie sind ja darauf angewiesen, weil sie ja keine Einnahmen haben, das käme ja auch nicht so darauf an und der Verdienst wird da bestimmt hö-

---

her als in Braunschweig und später wirst Du schon nach hier kommen können). Was meinst Du zu der Lösung, wäre das nicht schön?

Sonnabend/Sonntag wärst Du bei uns und ich könnte Dir alles in Ordnung halten. Mit der Schule im Winter wäre es dann auch besser und bis dahin wird ja unsere Brücke fertig sein und vielleicht auch sonst alles mehr in Ruhe und Ordnung.

Nun weiß ich aber nicht, ob Du Papiere, d.h. Arbeits- und Zuzuggenehmigung brauchst, die würde ich Dir dann schnellstens besorgen, könntest ja telegrafieren, nur angeben, was Du brauchst, denn ich weiß ja Bescheid und einen Brief gleichzeitig, denn manchmal gehen die Telegramme länger als ein Brief. Ich gebe den Brief „Einschreiben", ich denke, er geht schneller. Gleichzeitig lege ich noch 20,- M bei, damit Du nicht so knapp bist.

Wäre es nicht schön, wenn Du Ostern hier sein könntest? Überlege Dir die Sache und gib uns Bescheid. Ich werde noch das Telegramm aufgeben, damit Du nicht etwa kurz vorher umziehst, denn auf dem einen Zettelchen hast Du geschrieben „Nienburg, hin nach Nienburg", ich weiß allerdings nicht, ob das etwas zu bedeuten hat.

Die Berliner Schwerarbeiterkarte ist ziemlich hoch, damit könntest Du gut auskommen. Natürlich wäre es noch schöner, wenn Du hier wohnen könntest, aber das wäre fürs erste noch nicht durchführbar, teils weil die Berliner Verbindung noch umständlich ist und weil wir die Besatzung haben. In einem halben Jahre kann sich aber doch dies oder das ändern. Wir erwarten nun eine recht bal-

dige Nachricht und sind mit vielen Grüßen und Küssen Deine

Eltern

N.S.: Auch von Tante und Onkel viele Grüße.

Nr. 63

Hgsdorf, d. 10.4.46

Lieber Eberhard!

Nun muss ich doch wohl wieder schreiben, sonst denkst Du, es ist etwas passiert. Mein Einschreiben und Telegramm hast Du ja inzwischen gewiss erhalten und was sagst Du dazu? Wir sind auf Deine Antwort gespannt. Inzwischen haben wir noch Deine Päckchen Nr. 87 und 91 erhalten, habe vielen Dank, ich kann alles sehr gut gebrauchen.

Am Montag/Dienstag sind wir (Frau Rehfeld und ich) wieder aufs Land gewesen, es ist ja nicht sehr schön, weder die Fahrt noch die Bettelei, denn was anderes ist es ja nicht, aber es hilft doch wieder etwas weiter, sonst müssen wir verhungern, denn es gibt immer noch keine Kartoffeln von hier, und das, was wir im Oktober erhalten haben, sollte bis Ende Mai reichen. In Berlin brauchten sie bloß bis Ende März reichen, so dass die schon wieder alle zehn Tage welche bekommen. Man versteht die Einteilung nicht, die Randgebiete von Berlin sollen jedenfalls verhungern. Wir glaubten, als wir die Kartoffeln seinerzeit erhielten, sie würden es schon einsehen, dass kein Mensch davon existieren kann, aber sie sehen nichts ein.

Morgen gibt es für die erste Febr. Marmelade (also 300 g), 200 g Roggenmehl, es ist ein toller Betrieb bei uns (in anderen Orten steht es aber nicht besser). Also wir haben nun 70 Pfund Kartoffeln rangeschleppt, so dass es jetzt wieder etwas leichter zu leben ist.

Jetzt bin ich auf dem Wege nach Tegel, ich will sehen, dass ich heute die Anzeige für Frau Heise aufgeben kann und gleich einen Besuch bei Frau Ullrich machen. Sie haben nämlich statt Fleisch Heringe bekommen, da hat sie mir einen versprochen.

Nun soll es weiter gehen, ich sitze im Warteraum (ohne Fenster), es zieht überall und warte auf den Zug. Die Anzeige wird leider noch nicht angenommen, es ist noch gesperrt (schon seit drei Monaten), weil zu viel vorliegt. Ich werde in acht Tagen mal wieder nachfragen. Es tut mir leid, dass es mir nicht möglich ist, aber man kann ja nichts ändern, es ist alles so schwer.

Ist es bei Euch auch so kalt, wir hatten diese Nacht 1 °C unter Null und den ganzen Tag über ist es sehr frisch, aber besser, die Kälte kommt jetzt, als im Mai. Ausgesät haben wir schon Mohrrüben, Zwiebeln, Erbsen, Radieschen und Spinat. Die Bäume haben schöne Blütenknospen, die Hauptsache, das Wetter ist gut, denn sonst ist es doch wieder alles umsonst.

Nun ist der Krieg schon ein ganzes Jahr zu Ende und es ist noch immer derselbe Zustand. In

Österreich sind ja nun jetzt die Zonen aufgehoben,
wann wird das wohl bei uns der Fall sein?
Für heute viele Grüße und Küsse, Deine

Mutti

N.S.: Die Bürsten habe ich noch nicht abgeschickt,
ich will erst eine Antwort abwarten. Dass Du Dir
eine Windjacke machen lässt, ist ja schön, leider
habe ich keinen langen Reißverschluss, nur zwei
verschiedene je ca. 10 cm lang, die nützen Dir ja
aber nichts.

<u>Nr. 64</u>

H., d. 26.4.46

Mein lieber Junge!

Heute erhielten wir Dein eingeschriebenes Päck-
chen Nr. 101 mit der Butter und allem Übrigen, vor
allen Dingen mit dem Brief, auf den wir schon so
sehnsüchtig warteten, habe vielen Dank. Über die
Butter und Margarine freuen wir uns natürlich
besonders. Deine Post ist nun lückenlos bis 101
hier. Den Osterbrief Nr. 100 haben wir pünktlich
Ostersonnabend erhalten und uns auch sehr ge-
freut.

Wir hatten ja nun leider, wie Du schon be-
fürchtet hattest, das Schreiben aufgeschoben, da
wir Antwort auf unseren Brief erwarteten und auch
dachten, dass Du gleich kommst und unsere Post
nicht mehr erhältst. Zu allem Pech ist auch jetzt die

Post wieder sehr lange unterwegs. Dass Dein Arm wieder heil ist, freut uns, ich hatte schon etwas Sorge, es könnte schlimm werden. Du meinst, Du hast ausführlicheren Brief über Dein Kommen erwartet, hatte ich nicht doch ganz ausführlich geschrieben? Es ist eben zu dumm, dass man sich nicht mal sprechen konnte, dann wäre alles einfach.

Wenn Du diesen Brief nun noch zeitig erhältst, möchte ich Dir sagen, dass Du Dich mit den Kartoffeln nicht allzu sehr belasten sollst, Deine anderen Sachen werden auch ziemlich schwer sein. Ich denke, dass Du mal rüber fahren kannst, es tun ja viele, und Dir noch Sachen holen kannst. Ich bin ja nun, wie ich Dir schon schrieb, ein paar Mal aufs Land gefahren, wenn wir mal beide fahren, holen wir auch was ran. Verstehe mich richtig, so schön es ist, wenn Du Kartoffeln mitbringst, nur was nicht geht, geht nicht. Wenn man wenigstens den Tag wüsste, dann könnte man ja an der Bahn sein.

Du musst doch wohl über Magdeburg fahren und kommst so an, oder gibt es eine andere Strecke? Auf dem Bahnhof sind gewiss auch Träger und es kann noch etwas in die Aufbewahrung gegeben werden, bis es dann abgeholt wird. Sie kommen ja vielfach mit sehr viel Gepäck an, es ist eben bloß alleine so schwer. Am besten ist dann, Du bringst erst mal was zu Tante, das ist das nächste. Ich will heute gleich noch zu ihnen fahren, um Deinen Bescheid hinzubringen. Besorgen brauchst Du nun nichts mehr. Du hast uns ja so geholfen, dass Du

Dir nun keine Gedanken mehr machen brauchst. Es ist so traurig, dass keine Fracht von dort geht, sonst wäre ja alles einfach. Wenn Du Berliner Verpflegung hast, wird es auch gehen. Im Augenblick strengen sie sich hier an. Ostern hat jeder als Extrazuteilung zwei Pfund Mehl bekommen und unsere Kartenzuteilung haben wir bis auf Marmelade auch alles erhalten, nun sagen Sie, dass wir zum 1. Mai noch viel bekommen sollen, na abwarten.

Wegen der Einheitspartei haben wir noch nichts gehört, ich glaube es auch nicht, dass wir die Besatzung loswerden. Jetzt ist es ein Jahr her, es ist eine schwere Zeit, in die wir geboren sind. Ja man ist gespannt, wie sich alles mal auflöst, denn so kann es ja nicht bleiben, da gehen wir alle zugrunde, vor allen Dingen muss der Zonenverkehr wenigstens mit Gütern wieder in Gang kommen. Aber über das alles unterhalten wir uns ja besser mündlich, die Hauptsache, Du bist erst gesund und wohlbehalten hier.

Ich werde Bahnhof Zoo aussteigen und den Brief dort einstecken, vielleicht geht er schneller, hoffentlich.

Ostern war Tante Lisa hier, wir haben fast ohne aufzuhören von Dir gesprochen. Wir sind im Garten gewesen, waren sehr fleißig, ich habe auch dort gekocht, dann schafft man mehr, weil man nicht erst laufen muss.

Samen haben wir alles was wir brauchen, vielleicht bekommen wir auch noch Stangenbohnen, bloß Steckzwiebeln haben wir nicht, aber dann geht es auch ohne, habe ein ganz Teil gesät und

---

dann noch unsere Etagenzwiebeln, darum wollen wir uns nicht sorgen. Gurkensamen haben wir erhalten. Deine Karte ohne Nummer haben wir Dienstag erhalten. Wenn Du noch Waschmittel hast, wäre es gut, wenn Du sie mitbringen kannst, die sind ja auch knapp. Gewürze sind nicht mehr nötig, ebenso Backaromen gibt es ja auch.

Ich denke, ich habe Dir nun alles beantwortet. Getrocknete Steckrüben für 2,40 M waren uns auch nicht zu teuer, sie sind ganz schön, immer wieder eine Mahlzeit.

Viele innige Grüße und Küsse und Dir recht gute Fahrt wünschend sind wir Deine

Mutti und Vati

N.S.: Was freuen wir uns, wenn wir Dich erst in die Arme schließen können.

An dieser Stelle endete der Briefverkehr, da Eberhard es scheinbar wirklich nach Berlin geschafft hat, wo er seine Eltern endlich wiedersehen konnte. Ob aber alle Drei den nächsten Winter überstanden ist fraglich, da dieser später als „Hungerwinter" oder auch „Der weiße Tod" in die deutsche Geschichte eingehen würde. Alleine in Deutschland forderte er noch einmal mehrere hunderttausend Leben in nur wenigen Monaten und es würde sich später zeigen, dass der Winter 1946/47 der kälteste des gesamten 20. Jahrhunderts sein sollte. Die Menschen mussten in dieser Zeit oft mit nur 800-1.000 Kalorien täglich auskommen, in einem Land, in dem über 20% des Wohnraums zerstört waren und die Kirche selbst das siebte Gebot „Du sollst nicht stehlen" teilweise außer Kraft setzen musste.

Zum Jahreswechsel 1946/47 hielt der Kölner Erzbischof Joseph Kardinal Frings eine Predigt, in der er erklärte: *„Wir leben in Zeiten, da in der Not auch der Einzelne das wird nehmen dürfen, was er zur Erhaltung seines Lebens und seiner Gesundheit notwendig hat, wenn er es auf andere Weise durch seine Arbeit oder durch Bitten nicht erlangen kann"*!

Die Versorgungswege waren zerbombt oder durch Grenzen blockiert, die sich immer mehr verhärteten, die Zuteilungen wurden noch knapper als die in diesem Buch beschriebenen und Medikamente gab es kaum noch. Wir werden also leider nie genau erfahren, was aus der Familie Freimann wurde. In den Aufzeichnungen nach dieser Zeit lässt sich die Familie jedenfalls nicht mehr finden und auch Nachkommen scheint es keine mehr zu geben.

Lieber Leser, liebe Leserin,

wenn Sie mich gerne bei diesem Herzensprojekt unterstützen möchten, dann schreiben Sie mir doch bitte online eine Rezension; denn jede ehrliche Rezension kann Menschen auf meine Bücher aufmerksam machen und dadurch helfen, auch noch andere Schicksale vor dem Vergessen zu bewahren. Außerdem würde ich mich natürlich sehr darüber freuen, wenn Sie dieses Buch auch auf andere Arten weiterempfehlen würden, denn nichts hilft uns Selfpublishern besser als zum Beispiel Mundpropaganda. Haben Sie vielen Dank dafür und denken Sie immer an den Wahlspruch dieses Projekts:

Gegen Rechts. Gegen das Vergessen.